JN302503

教職エッセンシャル

学び続ける教師をめざす実践演習

山﨑 準二・藤本 典裕・幸田 国広〈編著〉

学文社

執筆者一覧

＊山﨑　準二	学習院大学文学部教育学科	[Part1.1]
＊藤本　典裕	東洋大学文学部教育学科	[Part1.2]
須田　将司	東洋大学文学部教育学科	[Part1.3]
片平　希望	東洋大学附属牛久高等学校	[コラム1]
谷口　明子	東洋大学文学部教育学科	[Part2.1]
北澤　俊之	東洋大学文学部教育学科	[Part2.2]
鈴木　明夫	東洋大学経営学部会計ファイナンス学科	[Part2.3]
榎本　淳子	東洋大学文学部教育学科	[Part2.4]
深澤佳世子	法政大学第二中高等学校	[コラム2]
＊幸田　国広	早稲田大学教育・総合科学学術院	[Part3.1]
須賀　忠芳	東洋大学国際地域学部国際観光学科	[Part3.2]
栗原　久	東洋大学文学部教育学科	[Part3.3]
寺木　秀一	東洋大学文学部教育学科	[Part3.4]
大田　悦子	東洋大学文学部英米文学科	[Part3.5]
長谷川勝久	東洋大学文学部教育学科	[Part3.6]
平野　和弘	東洋大学生命科学部生命科学科	[Part4.1]
渡辺　通子	東北学院大学教養学部人間科学科	[Part4.2]
澁澤健太郎	東洋大学経済学部総合政策学科	[Part4.3]
遠藤　茂	東洋大学文学部（非常勤講師）	[コラム3]

（執筆順／＊印は編者）

はじめに

　本書は，第一義的には教職実践演習のためのテキストです。この新しい教職科目は学部における4年間の教職課程の学びを総括し，教職資質の診断・評価を行うとともに，教職に関わる基礎的基本的な諸能力の補完を行うものとして，2013（平成25）年度の後期から全国の大学で開始されます。授業は演習を基本とし，グループワークや模擬授業，ロールプレイといった実践的，活動的な学習が求められています。また，学生は4年間の学習履歴を履修カルテによって把握し，自己の資質や能力を自己評価し，欠落している部分や側面を積極的に補うことが必要とされています。このような科目を，ねらいどおり実り豊かなものとするために，本書を上梓しました。

　本書の内容は，教職課程の入り口から出口まで，必要な学習内容を網羅し，しかも，単なる理論面での復習にとどまるのではなく，実践的な見地から既習内容を振り返り，各自の資質や能力を点検・診断・補完できるように編まれています。加えて，演習という性格を鑑み，ワーク・学習活動を各章に設けました。このように教職課程の実践的な学びを一冊で網羅したテキストは当然のことながら，これまでありませんでした。教職課程，教員養成に携わる多くの先生方に本書をお読みいただき，活用していただけることを願っています。

　また，本書は，学生個人の自学自習にも耐えうるものとなっています。自主的に教職課程を学び直し，力を付けて現場に出て行くために活用してくださることを期待しています。

　さらには，本書は若手教員の実践的手引きとなるものであるとともに，教職や教員の仕事に関心をもつ多くの人々に「先生の仕事」をリアルに伝えることができるものにもなっています。

　本書は，4つのパートから構成されています。

　Part. 1は，教職の意義と使命に関する章からなります。「3.11」以後の学校・

教師の課題や，教育行政と学校組織の問題，教育史のなかにみられる教師の使命について学びます。

　Part. 2は，児童生徒理解と学級経営に関する章からなります。児童や生徒の発達段階をふまえ，教師と児童生徒との関係性や，学級経営の基本，問題行動への対応の仕方について学びます。

　Part. 3は，各教科の指導法に関する章からなります。教育実習での経験をふまえ，教科教育法や指導法で学んだ理論を振り返るとともに，自らの授業実践を検証します。

　Part. 4は，社会性や対人関係能力に関する章からなります。経済産業省が求める「社会人基礎力」とは何か，保護者や地域とどのようにつきあっていくかを考えます。さらに本書では，ますます必要性が高まっている情報リテラシーについても，これからの教員に必須のコミュニケーション能力と捉えています。

　学校や教員に注目が集まる現在，本書が一人でも多くの人に読まれ，教職の意義と魅力と困難さを伝える契機になるとともに，明日の教育を切りひらくための一助となることを願ってやみません。

2013年6月13日

編　者

目　次

はじめに

■ 教師の仕事　チャート表　*4*
■ 教職資質の自己診断　ダイアグラム　*5*

Part. 1　教職の意義と教師の使命 …………………………………………………… *6*
　　1　これからの日本社会における学校・教師の課題　*6*
　　2　教育行政，学校組織と教員 —法制度に着目して—　*16*
　　3　教師の使命 —先人たちの姿に学ぶ—　*24*
　　コラム ①　教師の仕事と使命—新米司書教諭のつぶやき—　*32*

Part. 2　児童生徒理解と学級経営 ……………………………………………………… *34*
　　1　子どもの発達　*34*
　　2　教師と児童生徒との関係性　*42*
　　3　学級経営の基本 —学級経営の具体的な業務とは何か—　*51*
　　4　問題行動への対応 —特別なニーズを要する子どもへの対応—　*59*
　　コラム ②　生徒会指導について　*70*

Part. 3　教科教育の力 …………………………………………………………………… *72*
　　1　国語科学習指導の実践力向上をめざして［国語（中高等学校）］　*72*
　　2　社会・地歴科らしい授業をつくる［地理歴史（中高等学校）］　*84*
　　3　社会・公民科らしい授業をつくる［公民（中高等学校）］　*98*
　　4　理数教育にすぐれた教師になるために［理科（小学校）］　*109*
　　5　英語科実践力向上のために［英語（小中高等学校）］　*123*
　　6　教育評価とそのあり方　*137*

Part. 4　社会性・対人関係能力 ……………………………………………………… *151*
　　1　教師に求められる資質と「社会人基礎力」　*151*
　　2　保護者・地域社会とのコミュニケーション　*159*
　　3　教師のための情報コミュニケーション　*166*
　　コラム ③　子どもと保護者の信頼を得るには　*174*

■ 教職実践演習　振り返りシート　*176*
■ 資料編　*177*
■ 索　引　*187*

■ 教師の仕事　チャート表

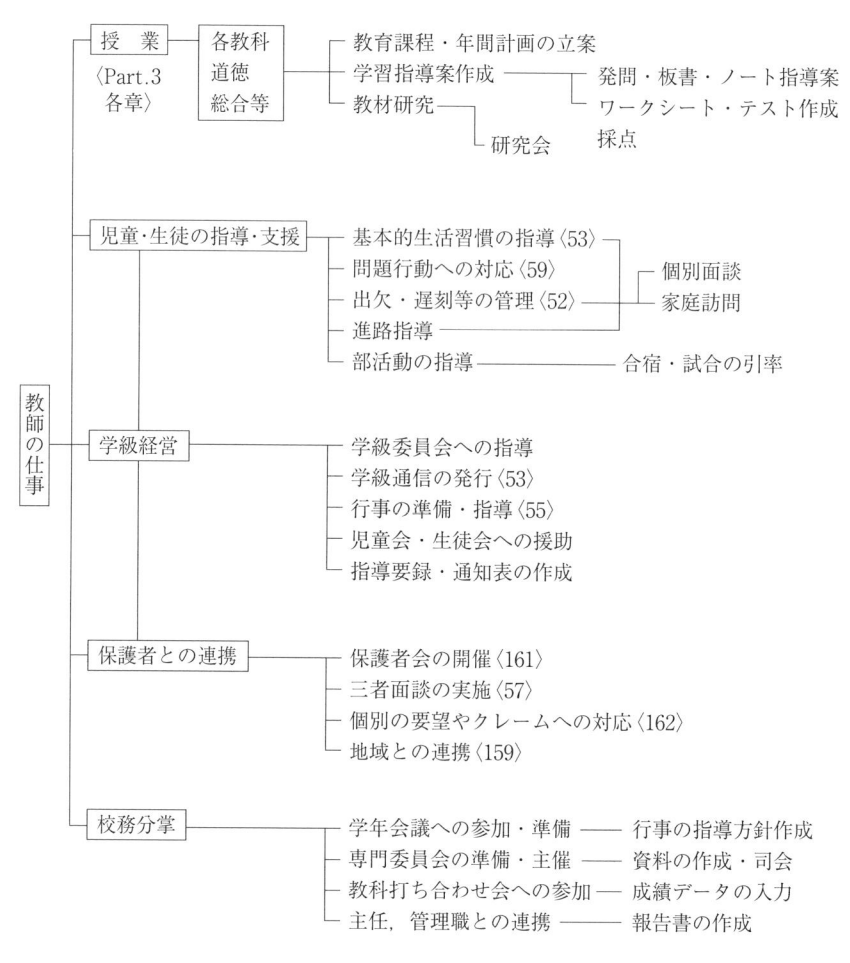

```
教師の仕事
├─ 授業〈Part.3 各章〉─┬─ 各教科・道徳・総合等 ─┬─ 教育課程・年間計画の立案
│                      │                        ├─ 学習指導案作成 ─┬─ 発問・板書・ノート指導案
│                      │                        │                  ├─ ワークシート・テスト作成
│                      │                        │                  └─ 採点
│                      │                        └─ 教材研究 ─── 研究会
│
├─ 児童・生徒の指導・支援 ─┬─ 基本的生活習慣の指導〈53〉
│                          ├─ 問題行動への対応〈59〉
│                          ├─ 出欠・遅刻等の管理〈52〉─┬─ 個別面談
│                          │                            └─ 家庭訪問
│                          ├─ 進路指導
│                          └─ 部活動の指導 ─── 合宿・試合の引率
│
├─ 学級経営 ─┬─ 学級委員会への指導
│            ├─ 学級通信の発行〈53〉
│            ├─ 行事の準備・指導〈55〉
│            ├─ 児童会・生徒会への援助
│            └─ 指導要録・通知表の作成
│
├─ 保護者との連携 ─┬─ 保護者会の開催〈161〉
│                  ├─ 三者面談の実施〈57〉
│                  ├─ 個別の要望やクレームへの対応〈162〉
│                  └─ 地域との連携〈159〉
│
└─ 校務分掌 ─┬─ 学年会議への参加・準備 ─── 行事の指導方針作成
             ├─ 専門委員会の準備・主催 ─── 資料の作成・司会
             ├─ 教科打ち合わせ会への参加 ─── 成績データの入力
             └─ 主任，管理職との連携 ─── 報告書の作成
```

〈　〉内は該当頁

■ 教職資質の自己診断　ダイアグラム

　以下のA～Eの5分野から、自分の教職資質を診断してみよう。各設問ごとに自己採点したあと、分野ごとの平均値を出してダイアグラムを作成しよう（平均点は小数点以下を四捨五入する）。

		設　問	点　数（○を付ける）	平均点
A	1	教育の本質や教師の任務を自覚できている。	10 9 8 7 6 5 4 3 2 1	
	2	学校の社会的責任と期待に応えようとしている。	10 9 8 7 6 5 4 3 2 1	
	3	教育的愛情をもって児童生徒に接することができる。	10 9 8 7 6 5 4 3 2 1	
	4	教職の課題意識をもち、常に向上しようとしている。	10 9 8 7 6 5 4 3 2 1	点
B	1	問題状況を把握したら、同僚などに報告・連絡・相談できる。	10 9 8 7 6 5 4 3 2 1	
	2	相手や状況に応じた言葉遣いや態度をとれる。	10 9 8 7 6 5 4 3 2 1	
	3	児童生徒に対して平等に接し、人間として相手を尊重できる。	10 9 8 7 6 5 4 3 2 1	
	4	保護者と連絡を取り合い、相互理解をはかれる。	10 9 8 7 6 5 4 3 2 1	点
C	1	担当教科に関する基礎的な知識や技能が備わっている。	10 9 8 7 6 5 4 3 2 1	
	2	教材研究の仕方がわかっている。	10 9 8 7 6 5 4 3 2 1	
	3	年間計画や学習指導案を立案して授業ができる。	10 9 8 7 6 5 4 3 2 1	
	4	学習者の実態に応じた板書や発問を工夫することができる。	10 9 8 7 6 5 4 3 2 1	点
D	1	児童生徒の相談をよく聞き、適切なアドバイスができる。	10 9 8 7 6 5 4 3 2 1	
	2	学級全体の状況を把握するとともに、個々の変化を見つけられる。	10 9 8 7 6 5 4 3 2 1	
	3	児童生徒の問題行動に対して毅然とした態度がとれる。	10 9 8 7 6 5 4 3 2 1	
	4	学級経営の方針を立案し、計画的に実行できる。	10 9 8 7 6 5 4 3 2 1	点
E	1	資料や文書の作成を期限内に確実に終わらせられる。	10 9 8 7 6 5 4 3 2 1	
	2	スケジュール管理を行い、任務の遂行を円滑に進められる。	10 9 8 7 6 5 4 3 2 1	
	3	会議の円滑な進行に協力できる。	10 9 8 7 6 5 4 3 2 1	
	4	規則やルールに則り情報機器やソフトを扱うことができる。	10 9 8 7 6 5 4 3 2 1	点

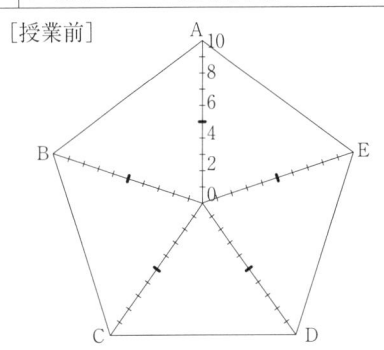

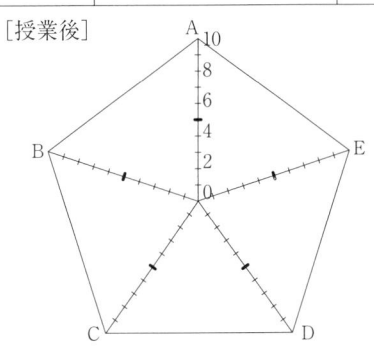

［授業前］

［授業後］

Part.1 教職の意義と教師の使命

1 これからの日本社会における学校・教師の課題

1．現状と課題

　21世紀を迎えて，はや10年余りが過ぎた。学校と教師をめぐる状況は，従来にも増して複雑で困難な諸課題をかかえ込むようになってきている。ここでは，学校と教師が取り組まねばならない教育活動に限定しつつ，〈学力〉育成の課題と，教育活動の最終目的である「人格の完成」（教育基本法第1条）に向けた主要目標の1つともいえる〈主体性〉育成の課題とを考えていくことにしたい。

(1) 国際的な教育調査で問われた〈リテラシー〉育成

　学校教育にとって，21世紀の幕開けは，「学力低下」論議と「ゆとり教育からの脱却」をもって始まったといっても過言ではない。新たに登場することになった2008（小・中）-2009（高・特別支援）年版学習指導要領は，学習内容と学習時間の増加，発展的な学習内容の指導充実などが実施されることになり，マスコミなどからは「ゆとり教育からの脱却」と特徴づけられた。しかし，それは，たんに知識の量を増やしたり，頭のなかへの定着を確かなものとしたりするというだけにはいかなかった。21世紀に入って始められた国際的な教育調査で掲げられた学力概念＝〈リテラシー（literacy）〉（一般に「活用力」と呼称されている）の育成が大きな課題として浮上してきたからである。

　その国際的な教育調査とは，経済協力開発機構（OECD）が実施した「生徒の学習到達度調査（PISA：Programme for International Student Assessment）」である。PISAは，義務教育修了段階の15歳児（日本では高校1年生）を対象

として，読解・科学的・数学的・問題解決リテラシーの各領域で「知識や技能を実生活の場面で活用する力（リテラシー）」を捉えようとするものであり，これまで2000年に始まり，以後3年間隔で実施されてきている（2012年3月時点で，2009年実施の4回調査まで公表されている）[1]。そこで問われた学力が「PISA型学力」，あるいは「21世紀型学力」と呼ばれることもあり，日本の高校生たちの成績不振傾向ともあいまって，やや大げさにいうならば「世界標準」として，これからの日本社会においても求められ，学校教育がめざすべき学力として位置づけられる議論を呼び起こしたのである。

たとえば「読解リテラシー」は，「自らの目標を達成し，自らの知識と可能性を発達させ，効果的に社会に参加するために，書かれたテキストを理解し，利用し，熟考し，これに取り組む力」と定義されており，その「テキスト」は，物語，解説などといった「連続型テキスト」ばかりではなく，図・グラフ，地図，宣伝・広告などといった「非連続型テキスト」をも含んでおり，たんに国語の文章読解力だけを意味するものではない。また，一般に「活用力・応用力」と呼称されるがゆえに，従来の学校教育におけるペーパー・テストにおいて最初の○×問題や穴埋め問題から始まって最後のほうに登場する文章問題などをイメージしがちであるが，社会に参加していくための生きて働く力の育成という点で，大きく異なるものである。この読解リテラシー領域での第1～3回の結果がふるわず，全参加国別順位および平均得点で示すならば，8位（522点，OECD平均500点）→14位（498点，同494点）→15位（498点，同492点）というように次第に低下していったこともあいまって，危機意識が煽られていった。

2009年実施の第4回調査結果も，既に公表されているが，読解リテラシーは，平均得点が520点（OECD平均493点），順位は8位とやや上昇した。数学的リテラシーや科学的リテラシーも平均得点および順位とも上昇したため，文科省は「読解力を中心に我が国の生徒の学力は改善傾向にある」との見解を示した。しかし同時に，読解力については，習熟度レベル別割合で「トップレベルの国々

と比べると下位層が多い」こと，「必要な情報を見つけ出し取り出すことは得意だが，それらの関係性を理解して解釈したり，自らの知識や経験と結び付けたりすることがやや苦手である」ことも指摘している。「学力の二極化」「学力格差の拡大」ともいわれる状況もあいまって，従来の暗記型学力からの脱却は，依然として学校教育の課題であり続けている。

このことは，PISA調査における学習習慣や学習態度に関する生徒への質問結果からも明らかである。たとえば，勉強方法に関する質問：「その情報が学校以外の場所でどのように役立つかを考える」に対しては「ほとんどしない」が日本：56.6％（OECD平均：30.6％）であり，質問：「自分自身の経験と関連付けることによって教材をよく理解するようにしている」に対しては「ほとんどしない」が日本：40.9％（OECD平均：20.7％）であり，さらには質問：「教科書の内容と実生活で起こることをいかに適合させるかを考える」に対しては「ほとんどしない」が日本：49.8％（OECD平均：21.9％）であったからである。暗記型学力からの脱却は，日常の学習態度の転換を必要としているし，そのような転換をもたらす授業の内容や方法の改善，さらには生徒たちを指導する教師自身の学習態度と学習観が問われてもいるのである。

(2) 東日本大震災で問われた〈主体性〉育成

21世紀を迎えての10年余りのなかで（戦後日本の歴史的出来事のなかでと言い換えるべきかもしれないが），一番の大きな出来事は「3・11東日本大震災」であろう。この地震・津波・原発事故という三重苦を伴う天災であり人災でもある複合的な震災は，人々の苦しみと影響の広がりという点において，現在進行形の出来事でもあるのだが，日本社会全体のあり方，そしてそれは当然，学校や教師のあり方の再考もまた，鋭く私たちに迫るものとなった。

文科省ホームページにおいて公表されている統計調査：「東日本大震災による被害情報について（第208報）」（最終更新：2012年9月14日10時00分）によれば，教育関係の人的被害は，1都10県に及び，死者：659人，負傷者：262人，安否未確認者を含む行方不明者：74人であり，教育関係施設などの物的

被害は，1都1道1府21県に及び，1万2150件である。また，震災により震災前の学校と別の学校において受け入れた被災幼児児童生徒数は，合計2万5516人（2012年5月1日時点）にのぼっている。そして，この数字の背景には，当然のことながら数多くの幼児児童生徒数とその父母・家族，地域住民の苦悩とともに，学校と教師の苦悩もまたある。

たとえばそれは，福島第一原発から22kmの位置にあった小さな村立小学校（全校児童数114名，教職員14名）に教務主任として勤務していた一人の中堅男性教師の厳しい過酷な体験の証言に象徴的にうかがわれる[2]。大地震発生直後，泣き叫ぶ低学年児童たちに笑顔で「大丈夫，大丈夫」と声をかけながら避難誘導し，余震が続くなかで同僚教師たちと一緒に児童たちの命を守るための対応に追われたのであった。しかし，本当の厳しい過酷な体験はその後であった。学校と教師たちは，原発事故による2200名にものぼる近隣からの避難者の受け入れを余儀なくされ，避難所の受入準備から運営（避難者の名簿作成，避難者家族の安否確認の対応，救援物資が来ないなかでの水・食糧の確保，避難者たちの健康維持・安全確保のための条件整備など）までを地域の役場・消防団・住民と連携・協力して担うことになったからである。それは，教師たち自身の家族の安否確認もままならないなかでの不眠不休の活動でもあった。さらに，学校と教師たちにとっての厳しい過酷な体験は，それだけに終わらなかった。原発事故の拡大により，避難所となった学校自体が，そして教師自身とその家族までもが，避難しなければならなくなったからである。

学校と教師は，大震災の発生とともに，多くの幼児児童生徒の命の守り手として（教職者としての役割），学校が避難所となることによって地域住民の命の守り手として（避難所の運営者として），そして自分と家族の命の守り手として（被害者として），幾重もの役割と責任を担わざるをえない状況に追い込まれ，厳しい過酷な判断と行動を迫られていくことになったのである。もちろん児童たちとその家族の安否と行方を確認する任務はその後の大きな課題となった。

学校と教師が担わなくてはならない役割と責任の大きさと重さが，この大震

災によってあらためて明らかになったといえよう。そしてその役割と責任の遂行には，教育委員会などの教育行政上の指示やマニュアルに従った訓練を行い，行動をとっていればよいというのではなく，直面した状況のなかで自ら（一人ひとりという意味だけではなく教職員集団として）の判断と行動に基づく対応こそが求められるのだということもまた明らかになったといえよう。

　さまざまな「悲劇」と「奇跡」の事例（その象徴的な事例として，74名の児童と10名の教職員が犠牲となった宮城県石巻市立大川小学校の事例と，市内の公立小・中学校の児童生徒3000名余りのほぼ全員が無事であった岩手県釜石市の事例がある）はその調査・検証こそが必要であり，それがまだ十分に行われていない現時点においては安易に原因や責任を語ったり，教訓を導いたりすることは慎まなければならないが，1つだけいえることは幼児児童生徒にも，そしてなによりも教師自身に自主的主体的な状況判断の能力と行動力，それらの総称としての〈主体性〉の育成が必要であるということであろう。

　こうした〈主体性〉の育成のためには，誰かがどこかでつくった「正解」らしきものを，自分の頭で吟味する作業を経ることなく，頭のなかに詰め込んでいくという学習活動とその所産としての暗記型学力ではだめであることは明らかである。それは同時に，教師自身の教職活動への取り組み方にも同じことがいえるのである。「学び続ける教師」像が打ち出されている[3]が，それは，誰かがどこかでつくった「よい」といわれる教育内容や教材，指導方法や技術に盲目的に従って実践を行うための「学び続ける」であってはならないのである。自らが時々に直面する困難な状況を読み取り，その困難さをもたらしている要因を探り，その克服の方途を見いだし，打開の方向に向けて実践していくための〈学び続ける〉でなくてはならないのである。

2．〈学び続ける〉教師となるために

　教師は，教師としての力量を，いかなる場で，いかなることを契機として，いかなる具体的内容のものとして，形成していくのであろうか。この問いに答

えるために，「ライフコース（life-course：人生の軌跡）・アプローチに基づく教師の発達と力量形成に関する研究」がある[4]。それは，教師としての仕事の仕方，仕事のスタイル，あるいは教育の信念・観や力量といったものが，たんに教職活動に従事している時間のなかでの経験のみによって形成されるのではなく，教師自身の個人的な時間（加齢・病気の経験など）や社会的な時間（職場だけでなく家庭や地域社会における経験など），さらには歴史的な時間（一定の地域・社会のなかでの歴史的出来事に影響を受け，対応する経験など）といった，生活上のさまざまな時間と経験総体のなかから形成されていくものなのである。

(1) 発達と力量形成上の「転機（turning points）」

教師が，教師としての発達を遂げ，専門的力量を形成していく過程には，いくつかの「転機」が存在している。その「転機」をもたらす契機として，多くの教師たちから指摘されている事柄は，次の事例に象徴されるような，「教育実践上での経験」や「すぐれた先輩教師との出会い・交流」である。

● 「ダウン症児がいる1年生のクラスを担任し，その子の指導に悩みながら，保護者の思いや子ども同士の関わり合いのすばらしさを体験し，それまでの教育観や子どもの見方が大きく変わった。また，不登校児がいるクラスを持ったときにも子どもから教えてもらうことが多かった。」（50代前半，女性）

● 「障害児教育に初めて携わった。全く知らない世界で，見ること聞くことすべて学ぶべきことである。……自分の今までの指導（健常児に対する）や今の教育，社会にも目を向けるようになった。」（30代前半，女性）

● 「教職に就いてから初めて6年生を担任した。6年生の心の不安定さを目の前にして，悪戦苦闘の日々だった。……そのときの主任が授業実践，子ども理解に大変優れた人で，授業研究についてかなり影響を受けた。」（30代後半，女性）

● 「子育て，家事と，仕事を両立させている女性の学年主任との出会い。全てにおいて，甘えている自分の弱さに気づいた。どの分野においても必要，重要なことを見極め，それを追求する。その上で力を抜けるところは抜き，楽

しみを見出して仕事をしていくスタイル。」(20代前半,女性)

　障害など(不登校・非行・外国籍)の特定の問題・特徴をかかえた子どもとの出会いと格闘の経験を通して,ともすると児童生徒を「ひとかたまりの集団」として捉えがちになってしまっている自分に気づき,あらためて「一人ひとりの子どもを捉え,その個性に対応する」ことの重要性を再認識していったこと,また自分の教職モデルを形成したり,困難な状況を打開していくための具体的助言や方向性示唆を職場や地域の先輩教師から学んでいったことが,指摘されているのである。

　このような教師としての教職活動経験のみならず,自らの出産・育児,あるいは自らの病気といった個人生活上の経験もまた教師としての力量形成に影響を与えているとの指摘も少なくない。

- 「子ども(5歳)の存在は大きい。親から親しみや共感・悩みを受け,理解し合えるようになった。親の苦労を考えるようになった。クラスの子にも親の気持ちを話せることができる。また,朝,学校に来るのが当たり前ではなく,親の世話によってと(心配・喜び)感謝するようになった。……」(30代前半,女性)
- 「病気のため半年闘病し,復帰できた。病気していると,健康で仕事に邁進していることが実にすばらしく思い,教職への執着心が増した。」(50代前半,女性)

　「自らの出産・育児の経験」は,30歳代の女性教師から多く指摘される事柄であり,一面では生活上の負担増大から教職の危機(たとえば離職)をもたらすこともしばしばであるが,他面ではそうした経験が教職活動において児童生徒を見る目や親の気持ちを理解することに変化をもたらしていく。自分の病気という経験もそうであるが,一人間としての私生活上の経験さえも,教師としての発達と力量形成の契機となっているのである。

(2) 「選択的変容型」の発達

　教師としての発達と力量形成上における「転機」とそれをうみだす契機は,

上で紹介した事例のほかに，さまざまな年齢・キャリア段階において，多様に存在している。そういう意味では，教師は年齢・キャリア段階を問わず生涯にわたって発達と力量形成を遂げていくことになるのであるが，その発達の姿は，たとえば教科書やマニュアルなどに明記されている指導方法・技術を，いわば頭のなかに貯金していくかのように数多く蓄積していくことによって遂げられていく「単調右肩上がり積上げ型」の連続的な向上曲線ではない。教職生活上の時々において直面する新たな状況に対応して，それまでの旧い衣（新たな状況にはもはや通用しなくなったかのようなそれまでの子ども・授業・指導等についての基本的な考え方や用いる指導技術など）を脱ぎ捨てながら，進みゆくべき新たな方向，考え方や指導技術などを自己選択・開発しつつ，ときには非連続な飛躍を伴って変容していくかのような「選択的変容型」の発達という姿なのである。

　同時に，そのような「転機」という飛躍（非連続）を時として伴う「選択的変容型」の発達においては，生涯を通じてさまざまな能力・力量の獲得（成長）と喪失（衰退）とを常に伴ってもいるのである。そうだとするならば，若い教師は未だ力量の乏しい未熟で未完成な存在であるとか，困難に直面し苦しんでいるベテラン教師は研鑽を怠ってきた力量不足な存在であるといった見方は誤った見方であるということになる。なぜならば，若い教師には若いがゆえに有する力量（たとえば「若さ」はそれだけで児童生徒を惹きつける力を有する）が本来的に備わっており，その力量を年齢とともに喪失していくベテラン教師は若さに代わる・若さを補う力量を生みだし児童生徒を惹きつけて（たとえば休み時間も一緒に外で駆け回ることによって結びつくことはもはやできないが，その代わりに質の高い授業を創りだすことによって「授業で結びついていく」など）いかなければならないのである。また，ベテラン教師も困難に直面し，もがき苦しむことがあるが，それは力量不足ゆえに生じた困難なのではなく，時代や社会の変化によって児童生徒や教育環境も変化することによって，それまでの経験のなかで培ってきた力量（たとえば，児童生徒を理解し指導する方法・技術など）ではもはや対応できない状況を迎えてしまったといえるからである。したがっ

て，そのベテラン教師を力量不足教師だとレッテル貼りすることはできないし，そうした見方は誤りということになるである。

　教師が，教師としての発達を遂げ，専門的力量を形成していくということは，特別な講習や訓練を受けて一定の知識や技術を蓄積していくことによって遂げられるものではなく，また実践経験をただ長く積んだから自然に形成されるというものでもない。具体的な実践経験のなかで常に意識的計画的な取り組みを主体的に試みて，その取り組みの途上および終了後の段階において，自らが為してきた思考・判断・行動などに対する省察的な（reflective）営みを繰り返し行うことによってのみ獲得されていくものなのである。そうした省察的な営みを繰り返しつつ，教師としての発達と力量形成を遂げていく教師こそ，〈学び続ける〉教師といえるのである。
　　　　　　　　　　　　　　　　　　　　　　　　　　　　　　　（山﨑準二）

ワーク

1. PISA調査のほかに，もう1つの国際的な教育調査であるTIMSS調査（国際数学・理科教育動向調査）や国内の全国学力・学習状況調査における問題例や調査結果なども自分で調べ（国立教育政策研究所および文部科学省ホームページに掲載），調査結果からうかがわれる学力の特徴と，今後の教育課題を考えてみよう。
2. 本文中に紹介した猪狩教諭の体験事例のほかに，次に紹介する本なども読み，学校や教師の役割と責務についてあらためて考えてみよう。
　　宮城県教職員組合編『東日本大震災　教職員が語る子ども・いのち・未来』（明石書店，2012年），白木次男『ドキュメント福島：それでも私たちは教師だ』（本の泉社，2012年），数見隆生編著『子どもの命は守られたのか：東日本大震災と学校防災の教訓』（かもがわ出版，2011年），片田敏孝『命を守る教育：3.11釜石からの教訓』（PHP研究所，2012年）。

注
1）PISA調査とその結果についての詳細は，国立教育政策研究所ホームページ上で，また市販出版物によっても公にされているので，参照されたい。
2）ここで特筆し紹介する事例は，筆者〔山﨑〕自身が，日本教師教育学会「大震災と教師教育」特別課題研究委員会の活動の一環として，聞き取りを行った猪狩勝人教諭の事例である。公にされているものとして，松下行則・猪狩勝人「原発震災に立ち向かった

教師たちの記録（第一部）――2,200 人の避難者を受け入れた川内小学校――」（『福島大学地域創造支援』第 24 巻第 1 号，2012 年 9 月）があるので参照願いたい（機関リポジトリを利用して取得可能なのでぜひ読んで欲しい）。その後，同上論文の続編である「同（第二部））――川内村『全村避難』から川内小学校再開まで――」（同上第 24 巻第 2 号，2013 年 2 月）が発行された。さらに，第三部も予定されているとのことである。
3）中央教育審議会答申「教職生活の全体を通じた教員の資質能力の総合的な向上方策について」（平成 24 年 8 月 28 日）。
4）山﨑準二『教師のライフコース研究』（創風社，2002 年），および同『教師の発達と力量形成――続・教師のライフコース研究』（創風社，2012 年）を参照願いたい。本文中で紹介した事例も後者からのものである。また，併せて，山﨑準二・榊原禎宏・辻野けんま『「考える教師」～省察，創造，実践する教師～』（学文社，2012 年）も参照願いたい。

2　教育行政，学校組織と教員　—法制度に着目して—

　学校は「公の性質」（教育基本法第6条第1項）を有し，教員は「崇高な使命」（教育基本法第9条第1項）を担って働くことを求められている。しかしこのことの含意は，必ずしも明確ではないように思われる。

　本章は，教員の養成・採用・研修・身分に関わる法令を整理し，これからの教員のあり方を考える足がかりを得ることを目的とする。

　学校や教員のあり方についてはさまざまな見方・考え方がありうるが，学校が法令に基づいて設置され，教員は法令に基づいて養成・採用され，研修を受け，身分を保証されていることは事実である。教員として教壇に立つ前に，自らの仕事が拠って立つ法令についてあらためて確認し，その職責の重要性を再確認しておこう。

1．教員の養成

　教員になるためには，教育職員免許状を取得し，教育職員候補者採用選考（教員採用試験）に合格しなければならない。教員免許状の取得に関する基本的事項を定めているのが教育職員免許法である。

　免許状取得のためには基礎資格[1]を満たし，法令に定められた科目を履修し単位を修得しなければならない。その科目は「教科に関する科目」「教職に関する科目」「教育職員免許法施行規則第66条の6に規定する科目」[2]の3種類に大別される。

　実践的指導力の養成が強調されるなか，1998（平成10）年の教育職員免許法改正により，教職に関する科目の単位数が増加したが[3]，この傾向はその後の教員政策にも引き継がれて現在にいたっている。

2．教員の採用

(1) 教員採用をめぐる法制

　公立学校教員になるには，都道府県・指定都市教育委員会が実施する教員採用試験に合格しなければならない。一般公務員の採用が原則として競争試験による（国家公務員法第36条，地方公務員法第17条）のに対し，教員の採用は選考によって行われる（教育公務員特例法第13条，以下教特法）。選考とは，学力・経験・人物・慣行・身体などを審査して職務遂行能力の有無を審査する方法である（詳細は人事院規則8—12に規定されている）。

　教員の任命権は都道府県・指定都市の教育委員会にある（地方教育行政の組織及び運営に関する法律第37条）が，事前に選考権者（教育長）の選考と，それに基づく推薦が行われる（同法第34条）。任命権者は，市町村教育委員会の内申をまって任命を行う（同法第38条）。その際，学校長は市町村教育委員会に対して意見の具申を行うことができる（同法第39条）。

(2) 教員採用選考の方法

　「教員の採用および研修について」（文部省通知，1982年）が選考方法の多様化，多様で個性豊かな教員の採用という方針を打ち出したのを皮切りに，臨時教育審議会第二次答申（1985年），教員採用等に関する調査研究協力者会議（文部省）「教員採用等の改善について（審議のまとめ）」（1996年），教育助成局長通知「教員採用等の改善について」（1996年）などにより，面接方法の改善，教育実習の評価，生活体験の評価など，多くの改善策が提言され，多様化の方向性が確定していった。

　各教育委員会は採用選考方法の多様化を進め，筆記試験，面接，作文・論文，適性検査，模擬授業，教育実習の成績評価や自己アピール文の提出，指導案の作成，場面指導，大学外での活動（学校ボランティアやインターン体験など）の重視，父母や民間企業関係者の面接官への登用，社会人特別採用など，多様な選考方法はほぼ定着した。しかし，各教育委員会の選考方法に大差はなく，実

質的には選考方法の画一化が進んでいるとみることもできる。

3. 教員の研修（研究と修養）

(1) 研修の意味

教員は「絶えず研究と修養に励み，その職責の遂行に努めなければならない」とされ，教員の「身分は尊重され，待遇の適正が期せられるとともに，養成と研修の充実が図られなければならない」とも規定されている（教育職員免許法第9条）。さらに教育公務員特例法は「教育公務員は，その職責を遂行するために，絶えず研究と修養に努めなければならない」と規定したうえで，研修に必要な施設や研修を奨励するための方途その他の計画を樹立して研修の実施に努めることを任命権者に義務づけている（第21条）。また教員には「研修を受ける機会が与えられなければならない」（教特法22条）という規定が設けられ，教員の研修は権利であるとともに義務でもあるとされている。教員は，教育を受ける権利の主体である子どもにより質の高い教育を提供する義務を負い，そのために研修の機会を確保する権利を有すると考えるべきである。

(2) 研修の種類

教員の研修は，任命権者による行政研修（教特法第21条第2項）と教員の主体的活動として行われる自主研修に大別される。自主研修は「教員は，授業に支障のない限り，本属長の承認を受けて，勤務場所を離れて研修を行うことができる」（教特法第22条）という規定によるものである。

行政研修は「初任者研修」（教特法第23条），「十年経験者研修」（同法第24条）など，教員のライフサイクルに応じて体系化されている。

初任者研修は1989（平成元）年度から実施され，その期間は「採用の日から一年間」（同条）である。公務員の採用は「条件附採用」でその期間は原則として6カ月とされている（国公法第59条，地公法第22条）が，教員に限って実質的には1年間の条件附採用となっている。

十年経験者研修は「研修の体系化」（教特法第25条）を図る手段の1つとし

て2003（平成15）年度から実施されており「個々の能力，適性等に応じて」（教特法第24条）行われるが，このことは研修の種類にかかわらず必要なことである。

4．教員の身分と労働基本権の制約

(1) 教員の身分

国公立学校の教職員はそれぞれ，国家公務員法，地方公務員法により公務員の身分を与えられている。公務員には合理的理由なしに不利益処分（免職や降給など）を受けないという法律上の保障があるが，その目的は全体の奉仕者として職務に専念できるようにすることである。

しかし教員については，その職務と責任の特殊性から教育公務員特例法が適用され，次に述べるように一般公務員とはちがった取り扱いを受ける。

(2) 労働基本権の制約

公務員には，憲法の保障する労働基本権（団結権・団体交渉権・争議権）が全面的には適用されない。これは公共の福祉を実現するという公務員の職務の特殊性による制約であると理解される。

団結権・団体交渉権については，「職員団体」の結成と「適法な交渉」（労働協約の締結は含まれない）が認められるのみであり，争議行為（ストライキ）は全面的に禁止されている。勤務条件を法律・条例で定めることにより，適正な水準が守られる仕組みがつくられているが，その実効については問題点も多く指摘されている。

(3) 政治的中立性の確保

公務員は，その職責の遂行に当たって，政治的中立性を確保し，その地位を政治勢力の影響または干渉から保護するために，政治的行為を制限または禁止されている。

公立学校教員の政治的行為については，教育公務員特例法で「公立学校の教育公務員の政治的行為の制限については，当分の間，地方公務員法第36条の

規定にかかわらず，国家公務員の例による」（第18条第3項）とされ，国家公務員法の適用を受けることになっている。

また，教員には一般公務員以上に高度な倫理性が要請されている。学校教育法第9条，教育職員免許法第5条に規定される欠格条項が，公務員法のそれよりも一段と厳しくなっているのはそのためである。

5．組織の一員としての教員

教員は学校という職場で教職員の一員として働いており，その自覚をもつことは当然であるが，そのことと専門職としての自律性との関係をめぐっては議論があり，検討すべきことも多い。職員会議の位置づけを例に，この点について若干の検討を行う。

従来，職員会議は法令上の明確な根拠をもたなかったが，学校運営の中核を担ってきた。他方，校長と職員の意見や考え方の相違により職員会議の本来の機能が発揮されない，職員会議があたかも意思決定権を有するような運営がなされ，校長がその職責を果たせないなどの問題点も指摘されてきた[4]。

文部科学省は，学校教育法施行規則等の一部を改正する省令（2000年4月1日施行）により，学校が「校長のリーダーシップのもと組織的・機動的に運営され，（中略）特色ある学校づくりを展開することができるよう，校長及び教頭の資格要件を緩和するとともに，職員会議及び学校評議員に関する規定を」設けた[5]。

職員会議に関する省令改正の趣旨は，①職員会議を校長の職務の円滑な執行に資する機関とし，設置者による任意設置としたこと，②職員会議は校長が主宰するものとしたことにある。

省令改正は，校長への権限集中によって上述の問題を解決しようとするものであるが，教育現場である学校における意志決定について校長か教員かという二項対立の図式で検討されることの是非こそが問われるべき問題であろう。

6．教員をめぐる新たな動き

　ここまで教員の養成・採用・研修という3つのステージを中心に検討してきた。しかし，大学における教員養成と教育委員会による採用・研修という従来の枠組みを見直す動きが出てきている。

(1) 教員をめぐる新たな動き

　東京都が2004（平成16）年度から「東京教師養成塾」を開設したのを皮切りに，東京都杉並区の「杉並師範館」[6]，埼玉教員養成セミナーなど，自治体が独自に教員の養成に向けた研修や採用を行う例が増えている。また，教員免許状をもたない地域住民や一般企業出身者を学校長や教員に採用することも盛んに行われている。

　また，2007（平成19）年6月の教育職員免許法改正により，2009（平成21）年4月から教員免許状に有効期限（10年）を設定し，更新制が採用された。これにより，教員（管理職など一部の教員を除く）は，10年ごとに，教職課程を設置している大学などが実施する30時間の研修を受け，最終試験に合格しなければ免許状は失効するとされた。

　さらに，学校教育法の一部改正（2007年6月）により，副校長，主幹教諭，指導教諭という新たな職種の設置が可能とされた。これは，学校の組織運営体制の強化を図るためとされているが，教員組織を企業組織などにみられる階層的な職階制とすることは教育機関である学校にそぐわないとの反対も強い。

(2) 教職生活の全体を通じた教員の資質能力の総合的な向上方策

　中央教育審議会は，2012（平成24）年8月に「教職生活の全体を通じた教員の資質能力の総合的な向上方策」を答申した。「答申」は，急激に変化する社会のなかで求められる「新たな学びを支える教員の養成と，学び続ける教員像の確立が求められている」として，「教育委員会と大学との連携・協働により，教職生活全体を通じて学び続ける教員を継続的に支援するための一体的な改革を行う」としている。

教員に求められる資質・能力は，①教職に対する責任感，探究力，教職生活全体を通じて自主的に学び続ける力，②専門職としての高度な知識・技能（教科や教職に関する高度な専門的知識・新たな学びを展開できる実践的指導力，教科指導・生徒指導・学級経営等を的確に実践できる力），③総合的な人間力と整理され，その養成・修得のために取り組むべき課題として，①「学び続ける教員像」の確立，②教科や教職についての基礎・基本をふまえた理論と実践の往還による教員養成の高度化，③教育委員会と大学との連携・協働により，教職生活全体を通じて学び続ける教員を継続的に支援するための一体的な改革などが提唱されている。

　こうした提言の背景は「教員になる前の教育は大学，教員になった後の研修は教育委員会という，断絶した役割分担」という認識が存在していることは明らかであるが，連携・協働の強調が大学における自立的・主体的な教員養成を阻害し，教員の資質・能力の画一化を招くおそれも指摘されよう。

　また「答申」は，大学院レベルでの教員養成を強調しているが，そのことが教員の資質・能力の向上につながり，何よりも教育実践の質の向上につながるのかどうかはあらためて問われるべき課題であろう。

　教員の資質・能力は，教育の質を大きく左右する。したがって教員の養成・採用・研修のあり方は，教育行政（教育委員会），学校，保護者，そして誰よりも子どもにとって重要なことがらであり，子どもの未来を豊かにする教育こそが求められる。

　しかし，大阪府教育行政基本条例などにみられるように，教育における首長の権限強化，教育委員会の形骸化，教育への政治的介入を進める動きも見られる[7]。日本国憲法の趣旨を具体化し，「教育は，不当な支配に服することなく，国民全体に対し直接に責任を負って行われるべきものである」とした旧教育基本法の規定，一般行政からの独立により教育の自主性を確保しようとした戦後教育行政の理念が改めて見直される必要があるように思われる。　（藤本典裕）

> **ワーク**
> 1. 教員に求められる資質・能力とは何か，そのために大学時代に何をすべきかについて，各自の考えを整理し，意見交換してみよう。
> 2. 学校における意志決定のあり方（職員会議の位置づけなど）について考えよう。
> 3. 求められる研修のあり方や内容について考えよう。

注
1) 基礎資格は，修士の学位（専修免許状），学士の学位（一種免許状）を，準学士の称号（二種免許状）。
2) 日本国憲法，体育，外国語コミュニケーション，情報機器の操作の4科目で，それぞれ必要な単位数は2単位とされている。
3) 教育実習，教科指導法の単位数が増加したほか，教育相談，総合演習が新設された。また，介護等体験特例法により，小中学校免許状取得のため特別支援学校及び社会福祉施設における介護・介助等の体験も義務づけられた。
4) 職員会議をめぐる議論，判例の検討については，新岡昌幸「職員会議の法的性質の再検討―子どもの人権の観点から―」『北海道大学大学院教育学研究科紀要』第96号，2005年6月などを参照。
5) 「学校教育法施行規則等の一部を改正する省令の施行について（通知）」（文教地第244号，2000年1月21日）。
6) 30人程度学級・専科制の実施など，特色ある教育活動の継続的な実施体制が区立全小学校で整ったとして，杉並師範館は2011年3月に閉塾された。
7) 市川昭午『大阪維新の会「教育基本条例案」何が問題か？』教育開発研究所，2012年などを参照。

3 教師の使命 ―先人たちの姿に学ぶ―

1.「教師」という生き方

　学校の「先生」,病院の「先生」,弁護士の「先生」,代議士の「先生」。日本社会には,社会的・専門的に権威が認められる職業人を「先生」と呼び,敬意を表す風習がある。皆さんがめざす「先生」は「教師」と呼ばれ,家庭・地域で育てられてきた子どもを預かり,学校教育を通して社会へと旅立たせる責務を負っている。人の成長・発達や文化（国家や社会・集団）の伝達・伝承を担う特殊性ゆえ,教師の果たすべき役割は幅広く,そして寄せられる期待は大きい。新学期の担任発表における子どもたちの眼差し,不祥事に対する報道などを想起するとき,教師の一挙手一投足がもつ存在感の大きさに気づくだろう。

　多かれ少なかれ,皆さんはその特殊性や存在意義に魅力を感じ,教職課程＝「教師」への道を選択してきたことだろう。教育学者・大田堯は,「多くの教材にふれ,多くの知識（整理枠）を手に入れることができるばかりでなく,多くの新鮮な発想を,成長中の子どもたちから,毎日毎時のように提起してもらうことができる」点をあげ,工夫し考え,たゆみなく生を洗練させていくことができる教師とは「じつにめぐまれた職業」だと述べている（大田,1992）。

　このように社会的に期待され,やりがいにあふれた「教師」という職業であるが,都市化・過疎化・少子化・グローバル化といった変化に,一斉・画一的な近代学校教育の機能不全が露わになるなか,期待感が不信感へと裏返り,厳しい視線や批判が向けられる状況も生まれている。いじめ・不登校・学力低下・校内暴力といった困難に直面しつつ,教師は授業のみならず,特別活動・生徒指導・進路指導などさまざまな場面で子どもと向き合い,自らに課せられた役割を果たそうと模索しつづけている。

　これら期待感と不信感の狭間で実践を模索する教師は,これまでの日本の教

育史上においても無数に存在した。1872(明治5)年の学制を機に近代学校制度とともに成立した教師は、近代化後発国という立場を挽回するため、人々に「立身出世」を説いて競争や試験を促す一方で、眼前の子どもや地域社会と向き合い、その時代や状況のなかで自らの役割を模索してきたのである。本章ではその歩みをたどり、教師の使命の幅広さと奥深さを考えていきたい。

2．明治期における「教師」の成立

(1) 近世後期の手習塾(寺子屋)師匠

1872年の学制以前、人々の生活要求に応じて「読み・書き・算」や学問を教える手習塾(寺子屋)が全国的に広く普及していた。師匠(多くは武士・僧侶・神官・名主・庄屋の副業)は個々の習熟度合いに応じて個別指導を行い、金銭的利益を求めず、親子に擬せられる師弟関係を結んでいった。今でも各地に師匠を称える「筆子塚」(筆子＝教え子)が残っているように、聖職者として人格的尊敬を得る存在であった。

(2) 近代「教師」像の成立

学制公布後、小学校の設置とともに職業としての「教師」が生まれる。教師を養成する師範学校が設けられ、アメリカから黒板や掛図を用いた一斉教授法が輸入された。1881(明治14)年の「小学校教員心得」では「教員タル者ハ殊ニ道徳ノ教育ニ力ヲ用ヒ」ることと定められ、知育よりも徳育を重視し、教師は「品行方正」であることが求められた。

1886(明治19)年には、初代文部大臣・森有礼により理想的教師像が「良キ人物ヲ作ルヲ以テ第一トシ学力ヲ養フヲ以テ第二トスヘシ」と定められ、師範学校では以下のような三気質を養うことがめざされた。

　　順良：文部省及び校長の命に従順であること
　　信愛：友情を重んじて職務を共同で遂行すること
　　威重：生徒に対しては威厳をもって教育にあたること

この改革により、師範学校では週6時間の兵式体操が導入されたほか、寄宿

舎の生活が軍隊式の厳しいものとなり,生徒間の「密告」も奨励された。こうして養成された教師は,権威主義的・形式的で服従心が強く,融通が利かない傾向をもつ者が多く,「師範タイプ」として批判されることもあった。

(3) 教育環境の整備と教師像の変化

1900 (明治 33) 年の小学校令改正で授業料が原則無償となり,就学率の向上により複式学級が解消され単式学級が急増した。単式学級での授業成立を急ぐ教師たちの間では,ヘルバルト主義の教授法が普及していった。ヘルバルトの理論は,子どもの素朴な「直観」に即して興味・関心を引き出し,知識と道徳性を伴わせて獲得させることをめざすものであった。だが,四段階または五段階を踏む授業スタイルのみが注目され「授業の定型化」が広がっていった。1904 (明治 37) 年度より教科書が国定制となったことも,これに拍車をかけた。国定教科書は低価格で品質が良く,教科書が買えない児童を大幅に減らすことができたが,教師の自主的な授業改善の余地を減らしてしまったのである。

こうして,国家により教育方法・教師像・教育内容が規定された教師は,近代化の先兵として子ども・民衆を啓蒙する「教化者」の役割を強くしていった。それは近代化後発国という日本のおかれた状況と,その打開という命題ゆえであったが,教育者としての役割を狭く限定してしまうものであった。

3. 戦前における教師像の模索 (1910 年代〜1945 年)

(1) 大正自由教育

1910 年代になると,教師自身のなかで定型化した授業への批判が高まる。そうした教育実践の捉え直しは国際的な潮流でもあり,スウェーデンのエレン・ケイ (1849-1926) の『児童の世紀』(1900 年) が広く読まれた。ケイは児童中心主義を唱え,子どもの個性尊重,教師の消極的役割を掲げ,子どもに圧迫を与えるような試験,訓戒を廃し,学習者である子どもの視点から教育を再構築すべきとした。この考え方は形式的な教育実践に疑問を感じていた日本の教師たちに大きな影響を与え,大正自由教育といわれる教育改造運動が生まれた。

なかでも，1917（大正6）年に沢柳政太郎[1]によって創設された成城小学校はシンボル的な存在であった。沢柳は教師が因習や形式にとらわれている点を批判し，「成城小学校創立趣意書」のなかで個性尊重，少人数制，自然に親しむ教育を掲げ，当時の教育界に一石を投じた。そのなかで「科学的研究を基礎とする教育」を掲げた点は注目に値する。当時は教師用指導書のとおりに授業を進めることが「良い」とされ，教材研究をすることは文部省（お上）を批判する行為とみなされていた。沢柳は国定教科書の伝達者と化していた教師像を問い直し，子どもの姿を見すえた教育科学の研究者であるべきと主張したのである。こうして成城小学校では，低学年での修身科廃止，低学年からの理科の導入など，子どもの発達に応じた独自の教育課程を編成したのであった。

　奈良女子高等師範附属小学校の木下竹次は，1919（大正8）年から個別学習や教科の枠をはずした合科学習に取り組んだ。現在，学習という言葉はありふれているが，当時は「教授」という用語が一般的であった。ここに，木下が子どもの立場を出発点に教師像の再考を試みたことがわかる。同じころ，千葉師範学校附属小学校の手塚岸衛は，それまでの教育を「一斉画一」「干渉束縛」「受動注入」と批判し，教師の行き過ぎた指示を廃し，尋常1年生から学級自治会を組織して写生遠足会，学芸発表会，綴方批評会，相互忠告，雛祭などを企画・実行させていく実践に取り組んだ。

　教育実践における出発点を子どもに据えたとき，教師の仕事の力点も伝達から研究へ，教授から学習へ，指示から支援へと変化する。これら教育実践の幅広さと奥深さを切り拓いた大正自由教育の実践に，私たちが学ぶものは多い。

(2) 全村教育・報徳教育

　1929（昭和4）年の世界恐慌を機に日本に及んだ深刻な不況は，教育現場にも欠食児童や教員給与不払いなどのかたちで暗い影を及ぼした。1930年代になると農山漁村経済更生運動が展開され，「自力更生」や愛郷心が強調され，教師にはこれらを児童・地域住民に養成する役割が課せられた。この過程で，幕末の農政家・二宮尊徳が唱えた報徳思想と常会（話し合い）が注目を浴びた。

自由教育実践者であった埼玉県秩父地方の校長・塩谷松次郎は，深刻な生活危機に苦しむ現実に直面し，「権利の主張よりもまず義務の遂行」「献身的努力の修養」を重視し，自由と自律から「報徳主義にその立脚点をお」いて献身性を課題にした体験的学習に転じていった。校内で児童常会を組織化する一方で地域の常会にも出席し，話し合いを通じて実生活の課題解決をめざす教育実践に活路を求めた（森川，1997年）。

　二宮尊徳生誕地に近い神奈川県足柄上郡福沢小学校では学校常会・学級常会・班常会のほか，地域の婦人常会と合同で行われた母子常会など，活発な常会実践が展開された。常会ごとに「感心な人の発表」＝「善行者」表彰を行い，生活の仕方を見つめる視点を養ったほか，母子常会では子どもの生活態度＝躾という問題で教師と保護者との連携を深めていった。これらは戦時下の実践であったが，同校では「感心な人の発表」に「子供相互の間にお互い同志のよさをみつけ，之を尊敬することが，民主主義の大切な部面」を見いだしたほか，母子常会に「素朴で引込思案の田舎の母親がほんとに何もかも大勢の中で話しあって，真に部落の子供をよくしようと協力する」効果を見いだし，戦後も常会実践を継続していったのである（須田，2008，2012）。

　日常生活に深刻な打撃を与えた恐慌，そして戦争，その渦中で自らの役割を自問自答し，あえて地域社会の現実を学校教育の課題として受け止め，集団のなかで互いの意見を交換する話し合いに活路を見いだした教師がいた。ここに，子どもの生活現実へと視野を広げることで，新たな子ども理解や教育実践の場を切り拓いた教師の姿を見いだすことができる。

(3) 生活綴方教育

　同時期，国定教科書がなく制約が少なかった綴方（作文）において，子どもの生活現実と向き合おうとした教師たちがいた。生活綴方と呼ばれたこの実践は，提唱者・小砂丘忠義が1929（昭和4）年に『綴方生活』を創刊したことを端緒とし，全国的に支持を得て広がった。具体的には，子どもに自身の生活を題材にした文章を書かせ，子どもたちと教師が共同で読み合い，また書くとい

うサイクルを繰り返す。大正自由教育以来の気づきや主体性を重視する考え方に立ちつつも，詩作や文芸的に傾くのではなく，生活現実を直視させることで社会認識を育てる「生活指導のための表現指導」であった[2]。

戦時下の綴方教師・佐々木昂は，子どもが「表現」することは底知れない「生活」の一部にすぎないと論じていた。教育学者・大田堯は，佐々木の問題提起を教育の本質に迫る問いとして，以下のように述べている（大田，1992）。

> 「生活と表現」という問題を，一人ひとりの子どものなかに緊張としてつかまえていくということ，一日のいとなみ，毎日のいろいろな所作，振舞いのなかで，生活と表現，言わんとするものと言ったものとの緊張，あるいは，行われんとするものとの緊張を，みつけていく，とらえていく。そういう張りつめたものをだいじにして，私たち教師が授業・子どもに取り組んでいくことは，たんに生活綴方だけではなくて，あらゆる教科を通じてだいじな今日の問題であると思います。

今日の学校教育において，各教科・領域において子どもはさまざまな手段で表現することが課されている（言語活動の重視）。そして，教師はそれら表現されたものを通じて子どもを理解しようと試みる。しかし，それが大人の側の論理や価値観，表現形式からの読み取りであるかぎり，真の子ども理解を見失う。生活綴方が提起する問いかけは，教育の本質に関わる奥深さをもっている。

4．先人の模索からみえてくること

(1)「問い」と「答え」の多様性

以上，主に昭和戦前期までのさまざまな姿をたどってきた。近代化後発国という現実のなかで，日本の教師たちは「立身出世」「富国強兵」（戦争協力）といった国策の末端を担いながら，眼前の子ども・地域社会との狭間で自問自答を繰り返してきたことがわかる。「教化者」や伝達者に飽き足らず，子どもの多様な感性・認識をくみ取りながら人間形成・社会形成に参画しようとする姿があった。そのために教師らは児童中心主義，全村教育，話し合い活動，生活

綴方など，さまざまな理論と実践を用いて教育実践の幅と奥行きを模索してきたのである。

　これは戦後，教育基本法・学校教育法・学習指導要領の体制となっても同様であった。戦後復興，高度経済成長という命題のもと，明治期以来の「立身出世」に基づく受験体制は存続し，試験という「問い」と「答え」が直結する枠組みのなかで学校教育は営まれてきた。そこに，再び「教化者」や伝達者に陥り，多様な感性や認識を受けとめる幅と奥行きを見失ってしまう道筋が潜んでいた。今日にいたるまで，学力低下，落ちこぼれ，少年非行，不登校，いじめなどが繰り返し問題化するは，社会の変化もさることながら，教師が自問自答することを忘れてしまったことにも一因があるのではないだろうか。

(2)　教師の「使命」とは

　1950（昭和25）年に神奈川県で小学校教師となった松本健嗣は（1992年に退職），戦後教育のあゆみとともに生きた自らの教師人生を振り返り，次のように述べている（松本，2009）。

　　　わかっていく過程というものは単に教材の内容を与えられたものとして受け入れていくことではなく，教材の内容や友だちの考えや自分自身の考え方や教師の指導目標などに問いかけながら「わかり直す力」が育っていくのである。そして同時に，まわりにいる友達や教師との間にあたたかい支え合いの関係を深めていくのである。

　　　教師が子どもの学力を高めるのだという思い上がりと，教師が熱心に指導すればするほど子どもの学力は向上するという錯覚が，子どもを教育の操作の対象としてみる傲慢さを生み出すのである。

　ここに，いつの時代も教師とは悪しき「教育熱心」に陥り，子どもを操作の対象としてしまう可能性があるとの警鐘が鳴らされている。

　では，時代を超えて普遍的な教師の「使命」とは何か。教師という生き方を選ぼうとする私たちは，先人の姿から何を学び取り，自らの教育実践を創り出していくべきなのだろうか。「与えられた役割を遂行する義務感，責任感」「自

らの理想を追い求める探究心」「眼前の子どもや地域社会と向き合っていく愛情や共感的態度」など，教師の果たすべき「使命」は多面的である。この問いに真摯に向き合い，豊かな幅と奥行きをもった教師人生を送りたいものである。

(須田将司)

ワーク

1. 日本の教師が陥ってきた悪しき「教育熱心」とは何か。本文中の事例をあげながら，その原因と，それがもたらすマイナス面を話し合おう。
2. 教師の「使命」とは何か。本文の事例や言葉を参考に，文章にまとめてみよう。

注
1) 1909（明治42）年の『実際的教育学』では，教育実践と没交渉な教育学を批判し，「教育の事実」に基づく教育学研究を提唱していた。
2) なかでも，東北地方の「綴方教師」の機関誌『北方教育』が著名である。太平洋戦争下に弾圧・検挙されたものの，戦後には無着成恭『山びこ学校』などで再び注目を浴び，現在も連綿と実践が受け継がれている（日本作文の会など）。

引用・参考文献

大田堯『教師の生きがいについて』一ツ橋書房，1992年
森川輝紀『大正自由教育と経済恐慌』三元社，1997年
松本健嗣『「未熟者」としての教師』農山漁村文化協会，2009年
須田将司『昭和前期地域教育の再編と教員』東北大学出版会，2008年。同「昭和戦前期における福沢小学校・国民学校の報徳教育—「生活即教育」の展開—」全国地方教育史学会『地方教育史研究』第33号，2012年

コラム ①　教師の仕事と使命　──新米司書教諭のつぶやき──

　大学を卒業後，司書教諭として高等学校に勤務して1年目になります。みなさんは「司書教諭」をご存知でしょうか。

　一口に司書といいますが，司書には種類があります。まず1つ目が，皆さんに馴染みのある公立図書館や大学図書館，また病院，企業など専門の図書館をもっているところで勤務する"司書"です。そして2つ目が，教員免許を取得していることが前提となり，教科と図書館担当員とを兼ねる司書教諭です。私は後者で採用されています。

　生徒たちの私に対する認識は，いわゆる"図書館の先生"なのですが，授業を受け持っているクラスの生徒たちからすると，"社会科・学年の先生"なので，初めのうちは生徒たちも混乱していたようです。

　しかし，生徒たち以上に混乱していたのは私自身でした。"教員"と"図書館担当員"という2つの役割をこなさなければならないことは，講義で学んでいた以上に大変なことだったからです。

　教員の大変さはたくさんありますが，そのなかで最も大変なのが授業づくりです。教材研究をどれだけ重ねても，一向に満足することはありません。どうしても説明が多くなってしまったり，板書計画が甘かったりと日々，反省を繰り返しています。生徒たちのリアルな反応が私の授業の評価だと身に染みて感じています。

　とくに社会科は説明が多くなりがちなので，ただ事項の羅列にとどまらず，いかに全体の流れをわかりやすく伝えることができるかというのが目下の私の課題となっています。

　とはいうものの，授業の回数が増えるほどに，担当クラスの生徒たちとの関係も深まってきます。初めは反応が薄かった生徒たちも，徐々にしっかりと反応を示してくれるようになってきました。生徒から「なんか今日の授業楽しい」と言われたときは嬉しくて，授業をつくる苦しみが吹き飛んでしまいます。以前，先輩方が同じような話をされていたとき，私は，「そんなこと本当にあるのかな，大袈裟に言っているだけなのではないか」と思っていました。でも，それは本当のことでした。生徒たちからその言葉を言ってもらえるまでの道のりは，苦しく長いものでした。ですが，生徒の「わかった！　理解できた！　納得した！」という反応や表情を得るために，教員は苦しくてもがんばれるのだと今では実感しています。

　ところで，全国学校図書館協議会のホームページに，「司書教諭は主に学校図書館の経営及び指導面を担当します。学校図書館の経営方針や経営計画を立て，年間運営計画等を作成します。また，学校図書館の機能を活用する学習指導，読書指導，情報活用能力の育成指導等に協力，支援したり，自ら指導したりします。学校司書が配置されていない場合には，学校図書館運営，学校図書館メディアの整備，学校図書館の整備等行います。これらの活動は司書教諭が一人で行うわけではなく，学校図書館の組

織として業務を分担して行っています。」と示されています。

私が勤務している学校の図書館は、蔵書が4万冊以上あり、とても広くて立派なのですが、残念ながら利用者数が多いとはいえません。

なぜ利用してもらえないのか。何が足りないのか。生徒や先生方のニーズに合った本や資料が揃っているのか。利用しやすい空間になっているのか。書架の表示は見やすいかなど、私は利用者を増やすため、試行錯誤の日々を過ごしています。

図書館に足を運ぶ生徒たちはさまざまです。単純に本が読みたい生徒ばかりが来るわけではありません。受験を控えた3年生や、バス待ちの生徒。なかには居場所を求めてか、なんとなく図書館に来る生徒もいます。図書館に勤務する司書として、また授業を受け持つ教員として、よく見かける生徒には積極的に声をかけるようにしています。初めは挨拶だけでしたが、最近では生徒のほうから私の元へ来てくれるようになりました。関わりのなかで読書に興味をもってくれるようになった生徒もいますし、話を聴いてほしいと来る生徒もいます。授業を担当するクラスの生徒だけでなく、さまざまな生徒たちと関わっていくなかで、私自身が彼らに元気づけられていたようです。新米司書教諭の私を学校に馴染ませてくれ、授業を評価してくれるばかりか、魅力的な図書館づくりをめざす原動力となってくれているのは、生徒たちとの関わりだと気づきました。

司書教諭としての私の目標は、図書館による各教科の授業へのサポートが行えるようになること。そして、生徒たちの関心や意欲を育て、在校中に学び方を身につけて卒業してもらえるようになることです。

学校図書館法では、学校図書館の目的を「学校の教育課程の展開に寄与するとともに、児童又は生徒の健全な教養を育成すること」と規定しています。つまり、学習指導の支援も目的の1つに掲げられているのです。

教科の学習は、教科書を中心に行われますが、副読本や資料集なども利用されます。学校図書館も同様に、教科の学習を資料面において支援する「学習センター」としての機能をもっているのです。

図書館を教科学習に活用するためには、学校図書館そのものが利用できるように整っていなければいけません。そして、学校図書館を使うためには、学校図書館の利用に関する基礎知識や技能が必要となります。教科担任の各先生方が計画的に指導していけるように、それをサポートする私自身のスキルアップを図らなければならないと強く感じています。

辛いことやうまくいかないことは、本当にたくさんあります。一方で、司書教諭という職業を選び、目まぐるしく日々が過ぎるなか、充実感を覚えていることも事実です。これからも目標に向かって、日々精進していきたいと考えています。

（片平希望）

Part.2　児童生徒理解と学級経営

1　子どもの発達

　満6歳を迎えて小学校へ入学してからの12年間，子どもたちの生活は学校中心に展開する。子どもたちは12年間に大きな発達的変容を遂げ，社会的自立への歩みを進めていく。ここでは，小学校（児童期）と中学・高等学校時代（青年期）の2つの時期に大きく分け，子どもの発達について概説する。

1．学校生活への参入：児童期

(1)　勤勉性：自己肯定感と動機づけの基盤

　人生を8つの発達段階に区分して各段階に達成すべき発達課題があることを提唱したエリクソン（Erikson, E. H.）は，児童期の発達課題を勤勉性の獲得であるとした。子どもたちは，教科を学び，友人関係を経験するなかで，知的にも社会的にも発達し，社会の構成員として求められる社会的知識やスキルの基盤をつくっていく。同時に，さまざまな活動にチャレンジして達成した経験を通して，「自分はがんばればできる」という自己肯定感や自己効力感，そして学習活動への動機づけを自らの内に育んでいくのである。反対に，この時期に失敗経験や叱責経験を積み重ねてしまうと，「自分は何をやってもダメな子だ」という劣等感にとらわれてしまう。教師は，子どもたちのがんばりを丁寧に認め，「わかった」「できた」という達成経験のなかで，子どもたちの意欲的な取り組み態度の基盤づくりを行いたい。

(2)　知的能力の発達：具体的操作から形式的操作へ

　おはじきやタイル，時計など小さな教材がたくさん入っていた小学1年生の算数セットを覚えているだろうか。算数セットは，数という抽象的な概念の理

解を助けるために,「数える」などの具体的な操作を行うためのものである。幼児期までは,自分の視点や思考が他者とは異なることを理解できず,見た目に左右されて論理的な判断はむずかしいが,児童期になると,具体的な操作を行えば論理的思考が可能になる。ピアジェ(Piaget, J.)は,児童期の大半を占めるこの知的発達段階を具体的操作期と呼んだ。

具体的操作期になると,「カナリアは鳥」「鳥は動物」だから「カナリアは動物」という論理的推論も可能になる。色別に分けるなどの特定の属性に応じた分類作業や,大きい順に並べるなどの特定の基準に従って順番に並べる系列操作もできるようになる。

さらに,高学年になると形式的操作の段階にはいり,具体物に頼らなくても抽象的・論理的な思考が可能になる。「もし〜だったら」という仮説を立てた推論や,将来のことや哲学的概念,科学的な法則などの抽象的な思考活動ができるようになり,ほぼ成人と同じ認知レベルに到達する。

(3) 仲間関係の発達:ギャングエイジ

「友だち100人できるかな♪」と歌にあるように,児童期には,多くの友人をつくり仲間関係のなかで社会性を育むことが重視される。

小学校低学年の時期の友人は,学習や遊びをともに行う相手である。男女を問わず「家が近所」「隣の席だから」などの物理的な距離の近さが友人を選ぶ理由としてあげられ,それゆえに席替えなどで友人関係も簡単に変わってしまう。

また,低学年段階では,他者の立場や気持ちの理解が苦手な子どももまだ多くいるため遊びがけんかに発展することも珍しくない。危険なことは直ちに制止しなくてはならないが,子どもは,けんかを経験するなかで,友だちの気持ちを考える必要性に気づき,自分たちで解決する力を育てていく。「まずは見守ってみる」というスタンスも教師には必要だろう。

中学年ごろになると,ある程度固定化された同性の友人と集団で遊ぶようになる。この児童期中期の同性同年齢の仲間集団のことをギャング集団,この時

期をギャング・エイジという。ギャング集団は，男児に顕著にみられ，集団でいたずらをするなど反社会的行動を行うこともあるが，仲間との連帯や集団行動の経験という意味で，社会性の発達に大きく寄与している。近年，安全管理の問題とおけいこ事などによる子どもの多忙化から，ギャング集団が消失しつつあり，社会性の育ちへの影響が懸念されている。

高学年になると，友人は，趣味が同じ，性格や考え方が似ている，気が合うなど内面的な類似性や適合性をもとに選択されるようになる。交換日記をしたり悩みを相談したりといった心のつながりを重視した関係になり，関係性も安定する。しかし，同時にこの安定した友人関係が小グループ間の対立やいじめの単位になることもあり，教師にはグループ間の関係への注意が必要になる。

(4) 道徳性の発達：他律から自律へ

道徳とは，社会で生活していくうえで守るべき規範の総合的集まりのことである。このような規範の集まりが，その人なりのあり方で受け入れられ，内面化されたものが道徳性であり，社会性を構成する要素の1つとされている。

「うっかりコップを15個割ってしまった人と，いたずらをしていてコップを1個割ってしまった人ではどちらのほうが悪いと思うか」という道徳的な判断の発達に関しては，7・8歳までは物質的被害の大きさという結果論のみにとらわれた判断をするのに対し，それより年長になると行為の動機にも着目した動機論的判断もできるようになることが知られている。

道徳性には，善悪の判断（道徳的判断）という認知的側面だけではなく，実際に善い行いをする（道徳的実践）という行動的側面もある。赤信号でも道路を横断してしまうなど「よくない」とわかっていても行動に移してしまうこともあるし，電車でお年寄りに席を譲るのをためらってしまうなど「よい」と思っていても実行できないこともあるだろう。道徳的判断と道徳的実践は分けて考えなくてはならない。そして，「先生や親に叱られるから」などの他律的な判断だけではなく，「自分でそうしなくてはならないと思うから」といった自律的な道徳的判断や実践力をどのように育てていくかが課題となる。

2. 子どもから大人へ：青年期

(1) 急速な身体的成長：思春期スパート

　中高生は，一般に「扱いがむずかしい」といわれる年ごろである。身体的には，思春期スパートと呼ばれる急速な身体的成長とともに，第二次性徴が始まり，性的成熟を迎える。この身体的変化を促しているのが，成長ホルモンと性ホルモンの分泌である。この時期の体内のホルモンバランスは一時的に崩れ，理由なく悲しくなる・イライラするなどの情緒不安定を伴うことがある。青年期は，生物学的にも，変化の大きい不安定な時期なのである。

(2) 親子関係の変化：心理的離乳

　青年期の親からの精神的自立を示す概念に心理的離乳がある。一般に，青年期にはいると，子どもは自分自身のあり方を問い直しはじめる。そのなかで，それまで無条件に取り入れてきた親の価値観に疑問を感じ，自分独自の考え・生活パターンを主張し，親への批判を始める。これがいわゆる第二反抗期である。親への心理的依存は弱くなるが，まだまだ自分が親に依存しなくては生きていけないし，また甘えたい気持ちの自覚もある。中学生ごろの親子関係は自立と依存の矛盾した感情のなかで揺れ動いている。

　しかし，高等学校も終わりに近づくと，お互いを対等な存在として認め合った新たな関係がつくられ，親子関係は落ち着いたものとなる。この親との関係性の分離と葛藤，そして再構築の一連のプロセスを経て，親からの精神的自立である心理的離乳が達成されるのである。

(3) 仲間関係の発達：チャム・グループの遷延

　青年期は，友人への依存が強まり，仲間からのまなざしがとくに気になる時期である。困ったことを相談する相手も親から友人へと移行する。中高生にとって友人からの受容は，大人が考える以上に重要な意味をもっているのである。

　青年期前期，とくに女子中学生に特徴的にみられる同性の仲間関係にチャム・グループがある。同じマスコットを学生鞄につけ，同じ服を着て，同じような

コメントを交わし合う女子中学生の姿には見覚えがあるだろう。このような同質性が，チャム・グループの特徴である。そこでは，「同じ」であるように集団圧力がはたらき，「ちがう」存在は「排斥する」という集団力学が支配的である。

　高校生後半になると，仲間関係は，お互いの異質性を受け入れながら，価値観や理想・将来について話し合う関係性になる。このような仲間関係をピア・グループという。独立した個人として互いの人生を尊重しあう，生涯の友と呼べる友人をこの時期に得ることもある。

　ところが，近年，高校生段階になっても，仲間関係がチャムのまま停滞していることが指摘される。子どもたちは，同質性によって結びついた所属グループからはみださないよう，ときには「キャラ」を演じるという並々ならぬ気遣いをしながら必死で友人関係を維持している（土井，2009）。一見楽しそうに見える仲間関係に疲れきっている子どもの実情には，教師として注意を払いたい。

(4) 自己への関心の高まり

　青年期は，自分への関心が高くなり，自分の能力や性格，適性について考えをめぐらせる時期である。自分の感情や性格などをどのように認知しているかという自分自身に関するイメージを自己概念と呼ぶが，青年期は自己概念が著しく発達する時期でもある。

　児童期の自己概念は，「背が高い」「おりこう」「算数が好き」といった外面的特徴や自分の好きな側面など，一面的かつポジティブな特徴に限定されており，必ずしも現実的なものではない。それが青年期になると，より多面的かつ両価的な自己像を形成するようになる。他者との比較に基づき客観的に自己評価し，能力や適性等内面的側面を含めた現実的な自己像を形成していくのがこの時期である。自己像の形成には，他者が自分をどのように見ているかという，他者からのまなざしも大きく影響する。青年期は周囲とのかかわりのなかで，「現実社会の中で生きる自分」という存在を築き上げていくのである。

　現実的な自己像形成と同時に，こうありたいと願う理想の自己と現実の自己とのギャップが顕在化し，そのギャップに悩み，ときに必要以上の自己嫌悪に

悩むこともある。日本青少年研究所（2012）の国際比較調査を見ると，「自分を価値のある人間だと思う」という自尊意識をもっている高校生の割合が，日本は米国・韓国・中国と比べ際立って低く，「自分はダメな人間だ」「自分の将来に不安を感じている」という傾向が示されている。世間や他者のまなざしにことさら敏感といわれる日本にあって，自己を肯定しきれないまま日々を過ごしている現代の子どもたちの姿がうかがわれる。

(5) アイデンティティ確立へ向けて

アイデンティティとは，エリクソンが提唱した概念で，「自分とは何者か」という問いへの答えである。過去・現在・未来という時間軸のなかで連続性のある一貫した固有の存在として自己を認識しつつ，自己の社会的位置づけを確立することが，青年期の発達課題なのである。この自己形成に失敗してしまうと，自分を見失い，将来的な展望がもてず混乱するアイデンティティ拡散という困難な状態に陥ってしまう。

アイデンティティの確立は，自己への問い直しから始まり，アルバイト・ボランティア・インターンシップなどに挑戦しながら，自分にできることは何かを考え，最終的に自己決定することで達成される。このような自分の将来へ向けての試行錯誤を役割実験という。青年期は，社会的責任を十全に負うことを一時的に免除される心理社会的モラトリアム期間である。このモラトリアムの特権を活用して役割実験を積極的に行い，自分の道を模索するプロセスが重要であるとされる。

中高生の時期は，自分づくりのスタートラインである。不安と闘いながらも自分の道を模索できるよう，視野を広げ，さまざまなことにチャレンジする機会をもてるよう見守りたい。

3．子どもの発達と環境移行

(1) 小1プロブレム

わが国の就学前教育在籍率は約90％にのぼり，ほとんどの子どもたちが入

学前に集団生活を経験している。しかし，小学校生活は，それまでの園生活とさまざまな点で異なり，子どもたちは大きな環境移行を経験する。
　まず，小学校では，幼稚園・保育園になかった時間割に従い，机に向かって授業を受けることが一日の大半を占める。幼稚園・保育園では，子ども一人ひとりの発達に応じた自由な遊びのなかでの学びの芽生えが大切にされてきたが，小学校では身につけるべき知識・技能が定められており，それらの習得がめざされる学習中心の生活となる。与えられた課題へ取り組むという自覚的な学びの世界への参入ともいえる。
　近年，こうした学校生活への参入に困難を示す子どもたちの存在が報告されている。教師の話を聞かない，指示を守れない，勝手に授業中に教室内を立ち歩く，教室から出て行くなど，授業規律が成立しない状態が続く，いわゆる「小1プロブレム」である。東京都教育委員会（2013）によると，約20％の小学校にこの問題が見られるという。その要因の1つとして，基本的生活習慣や耐性といった幼児期の発達課題が達成されないまま小学校にもち越されていることがあげられる。幼保小連携が叫ばれて久しいが，就学前教育との連携のもと，必要な情報を交換し，個々の子どもたちの育ちを見きわめて対応することが，以前にも増して重要になってきている。

(2) 中1ギャップ
　小学校から中学校への移行の困難は，「中1ギャップ」として知られている。「中1ギャップ」という言葉は，小学校6年生の不登校児童数に比べ，中学1年生の不登校生徒数が3倍に跳ね上がるという段差をさして用いられる場合と，中学生になった子どもたち自身が感じる小学校との大きな相違と戸惑いをさして用いられる場合がある。「教科担任制になる」「定期テストがある」「テスト結果の順位が出る」「部活の先輩後輩関係がある」など，中学校生活には小学校とは異なる側面が多々ある。その差異への適応の壁を乗り越えられない子どもが多々出てきており，結果として不登校という状態にいたってしまうということだろう。こうした現状を受け，中学校から小学校への出前授業や小学生に

よる中学校部活一日体験など，円滑な接続をめざした小中連携の取り組みが各所で行われている。

(3) 社会への移行支援：キャリア発達支援

ニート，フリーターや早期離職者の増加から，子どもと若者の社会的・精神的自立が日本社会全体の課題となり，学校から社会への移行をどのように支援するかが教育課題となっている。子どもの発達は，環境移行の連なりでもある。その移行の壁を乗り越える力をつけることこそが，キャリア発達支援であり，今，子どもたちの社会的自立のために必要な支援であろう。　　　　　（谷口明子）

ワーク

1. 「小1プロブレム」「中1ギャップ」への対策として各地で行われている取り組みについて調べ，まとめて発表してみよう。
2. 「教師になりたい」というあなたの進路志望はどのような道筋をたどって形成されたのだろうか。今一度振り返り，記述してみよう。
3. 子どもたちの社会的自立に必要な力とはどのようなものだろうか。また，各学校段階で，どのような力をつけることをねらいとして指導することが望ましいのだろうか。各学校段階別に考えてみよう。

引用・参考文献

土井隆義『キャラ化する／される子どもたち―排除型社会における新たな人間像』岩波書店，2009年

日本青少年研究所『高校生の生活意識と留学に関する調査－日本・アメリカ・中国・韓国の比較』2012年（http://www1.odn.ne.jp/youth-study/reserch/）

東京都教育委員会『小1問題・中1ギャップの予防・解決のための「教員加配に関わる効果検証」に関する調査最終報告書』2013年（http://www.kyoiku.metro.tokyo.jp/press/pr130425d.htm）

2　教師と児童生徒との関係性

1．関係づくりの大切さとむずかしさ

(1) 子どもの姿から

　教育実習当初，先生という立場で慣れない子どもたちとどう接し，コミュニケーションをとればよいのか悩んだ人も少なくないだろう。

　たしかに，教室にはさまざまな子どもたちがいる。なかなか打ち解けてくれない子がいる一方で，こちらが戸惑うほど積極的に近づいてくる子もいる。また，ときには，わざと反抗的な態度を見せる子もいて，驚かされることもあっただろう。そうした子どもたちが見せる行動の真意を測りかね，初めは誰でも彼らとの距離のとり方に苦慮するものだ。しかし，次第に子どもたちとの関係ができてくると，今度はうって変わって実習全般が生き生きとした張り合いのあるものに感じられるようになる。教育実習というと初めはどうしても授業づくりばかりに意識が向きがちだが，教育の意味や教師という仕事を理解するためのヒントは，実はこうした子どもとの豊かな関わりのなかにある。

　ここでは教師と子どもの関係づくりについて考えていくが，そのためには，まず学校における子どもの姿についておおまかにおさえておく必要があるだろう。実習を終えた皆さんは，そこで出会った子どもたちに対してどんな感想をもっただろうか。実習に出かける前に思い描いていたイメージと比べて，あるいは皆さんが児童生徒だったころと比べて何か感じることはあっただろうか。

　朝は元気に登校し，授業中は熱心に先生の話に耳を傾け，休み時間は大勢の友だちと仲良く外遊び……。このように，私たちはつい「こうあってほしい」と願う子ども像を思い描きがちである。ところが実際には価値観の多様化や人間関係の希薄化，家庭の教育力の低下といった近年の社会構造の変化に伴い，基本的な生活習慣が十分に身についていない子や経済的な問題をかかえる子な

どが増える傾向にある。一見，何事もないように教室に集う子どもたちだが，実際にはこうしたさまざまな問題をかかえている場合も少なくない。

さらに，学習障害（LD）や注意欠損／多動性障害（AD／HD），アスペルガー障害，高機能自閉症といったいわゆる発達障害のために，通常学級での集団生活になじめない子どもたちも多く見られるようになった。実習中，このような子どもに対応した人は，おそらく誰もがこうした障害に関わる専門知識をもつことの必要性を感じたにちがいない。

このように，今や学校や教師は多様な問題をかかえる子どもたちと向き合う時代にある。すなわち，教師は子どもたち一人ひとりの教育的ニーズを的確に把握し，きめ細やかに対応することが今まで以上に求められているといえる。教師と子どもの信頼関係は，すべての教育の基礎である。そう考えたとき，子どもたちを丁寧に受けとめながら，彼らとの豊かな関係を築くことの大切さが改めて理解できるのである。

(2) 求められる教師の役割から

実習生として子どもたちの前に立ったとき，「先生」と呼ばれて戸惑った人はいないだろうか。つい昨日まで大学や短大で学ぶ立場だった皆さんが，誇らしいような照れくさいような，そんな落ち着かない気分になったとしても不思議ではない。

しかし「先生」と呼ばれた途端，多くの実習生は子どもとの間合いをとることにぎくしゃくしはじめる。「教師と子どもは果たして友だちのような関係でいいのだろうか」，「掃除をさぼっている子に注意したいが，どの程度叱っていいものか」といったように，子どもとの距離を測りあぐねてしまうのである。しかしそのような人でも，もし教育実習という場面でなかったら，おそらくこれほどまで戸惑うことはなかっただろう。「子どもたちと心通わせ，彼らを理解したい」という意識と，「教師なんだからお手本となるように毅然とした態度で接しなければ」という意識。まさにその両者の葛藤が戸惑いを生むのである。実習生としてお世話になるからには，教師としての自覚をもつことは当然

のことである。しかし、その意識も度をこせば、いざ子どもと自然な関係を結ぼうとするときに邪魔をする。

　実はこうした意識は、現場の教師にも同様にはたらくという。キャリアを積んだベテラン教師でさえも、ときに偏った見方で子どもを捉えてしまうことがあるのだ。小中学校の教師を対象にした近藤邦夫の調査によれば、教師は「きまりを守れるか」「学習能力や意欲があるか」といったごく限られた観点で子どもを理解する傾向があるという。さらにまた、子どもの内面よりも外に表れた行動に着目し、その善悪を一方的な基準で判断しがちであるとしている（近藤, 1994）。このような偏った子ども理解は、先に述べた実習生の自意識同様、子どもを捉えにくくし、彼らとの自然な関係づくりをむずかしくしている。

　こうした偏った見方が形成される背景には、「社会から期待される教師の役割」があるという。すなわちそれは、社会が必要とする知識や技術、ルールなどをすべての子どもたちに等しく身につけさせると同時に個々が有する能力や持ち味を個別的に伸ばし育むという、相反する困難な役割である。

　これに関連して、リーダーシップ理論の観点から教師の役割をP機能（子どもたちを学習目標に到達させたり、学校の規則に従わせたりする）とM機能（子どもとコミュニケーションを図り、その気持ちを理解したりする）とに分け、それらが子どもたちに及ぼす影響を調査した興味深い研究がある（三隅・吉崎・篠原, 1977）。報告によれば、効果的な教師の指導タイプはPM型（P・M機能とも大きい）、M型（M機能は大きくP機能は小さい）、P型、pm型（どちらも小さい）の順であるという。これにならえば、学習への取り組みやルー

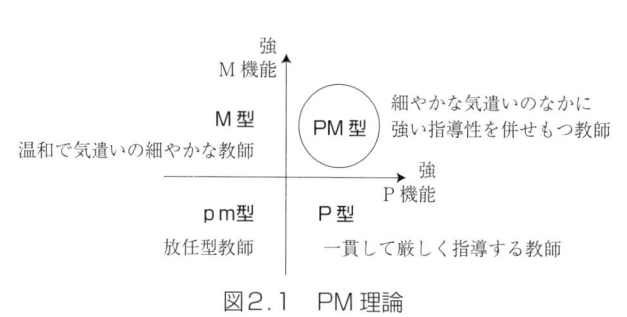

図2.1　PM理論
出所：三隅他, 1977をもとに作成

ルには厳しいが，休み時間は子どもと一緒に汗を流したり気軽に相談にのってくれたりする頼もしいPM型の先生像が見えてくる。逆に先の教師独特のバイアスをもつ傾向があるのは，さしずめP型の先生ということか。いずれにしても相反する役割のバランスをとることの大切さとむずかしさがここに理解できるのである。

2．確かな信頼関係を築くために

(1) 子どもを信じ，受けとめる

「教師が期待される役割」が，ある意味で子どもとの関係づくりをむずかしくしていることをみてきた。しかし，だからこそ心がけなければいけないのは，目の前の子どもたちを「信じ，受けとめる」ことではないだろうか。たとえ望ましくない行動をとってしまった子でも，その心の奥には「認めてほしい」「今よりもよくなりたい」という願いをもっているものである。子どもたちの内に宿るそうした前向きな力を信じて彼らを丸ごと受けとめる構えがもてれば，それだけで教師と子どもの関係は変わるにちがいない。このことに関連して，前掲の近藤はカウンセリングの見地から次のように述べている（近藤，1994）。

- 子どもの行動は，心の奥にある切実な気持ちの表現である。
- その表現の仕方は，子どもがこれまでに出会った重要な他者（たとえば親）との関係を反映している。
- 行動の変化は紆余曲折に満ちた時間のかかる過程である。

子どもの行動とその心理についての近藤の省察は，簡潔ながらも私たちが子どもとの望ましい関わり方を考えるうえで重要な示唆を与えてくれる。

たとえば1つには，子どもの行動の背後には彼らの思いや願いがあり，彼らを真に理解するためには，この隠れた気持ちに寄り添い受けとめる，いわばカウンセリングマインドが必要であるという点である。それは教師の枠組みで理解するのではなく，あくまでその子の枠組みで理解するという構えである。たとえば，朝から友だちとトラブルを起こすような乱暴な態度を示す子がいたと

する。この場合，私たちはつい目に映る現実の行動にばかり注意を払いがちだ。しかし，ここで一呼吸おき「なぜこの子は朝からこんなにイライラしているのか」と，その行動の背後にある気持ちを推し量り，受けとめてあげる姿勢をもつことが根本的な解決を図る鍵となるということだ。

たしかに，「どうしてそんな乱暴なことをするの！」と頭ごなしに叱るよりも，「そうか，朝お母さんに叱られちゃったんだ。家に帰ったら謝まれるかな？」と諭すことができれば，その子の気持ちも落ちつくにちがいない。

２つ目に学ぶべきは，教師はそうした子どもの願いを受けとめ，日々の学習や生活に生かしていく柔軟な姿勢をもつ必要があるという点である。当然教師はしっかりとした教育観をもって子どもたちに向き合うことが望まれる。譲れないと思えば子どもと対決することもあるだろう。しかし，いつもかたくなにそれを押し通すのではなく，ときには子どもたちの思いや願いを自身のそれとすり合わせてみたり，思いきって子どもに委ねてみたりする柔らかさも大切だということだ。教師自身の見方や考え方を更新したり，子どもとの生き生きとした協働的な学びをひらいたりするなど，教師，子ども双方の願いから学校生活を創造することの意味や可能性は大きいといえよう。

以上，子どもを信じ，受けとめるためには，教師の共感的，受容的な姿勢や理解が必要であることをみた。ともすれば自身の枠組みから子どもを捉えがちであることを自覚し，教師は普段からこうした子ども理解に心がける必要がある。

(2) 自身をひらき積極的にコミュニケーションを図る

信頼関係を築くための３つ目のポイントとして，子どもとのコミュニケーションを積極的に図ることをあげてみたい。おそらくこのことについては，実習中に皆さんもいろいろと工夫したにちがいない。名前や趣味，授業中のエピソードなどを座席表に書き込んで自然な話のきっかけをつくった人。早朝の教室で子どもたちを元気な挨拶とともに迎え入れた人。普段なかなか話せない子や苦手なタイプの子とコミュニケーションをとるために，休み時間や給食，放課

後など，子どもが素になれる時間を積極的に利用した人。さらにはクラブ活動で一緒に汗を流したという人も少なくないはずだ。

そうした時間を積み重ねた結果，短い実習期間にもかかわらず，子どもたちと確かな信頼関係を築くことができた実習生がいる。そんな彼らに話を聞くと，「自分が実習先の子どもと同じ歳だったころの話をした」「進路の悩みを一緒になって考えた」といった答えが返ってくる。たとえば，それはいたずらをして先生に叱られたエピソードであったり，夢中で取り組んでいたクラブ活動の話，あるいは同じように友人関係や進路について悩んだ経験談であったりと，何も特別な話題ではない。しかしそこからは教師という立場を越え，同じ一人の人間として子どもたちの前に自らをひらいていこうとする積極的な姿勢がみてとれる。

このように，子どもたちの心をひらき，彼らを真に理解しようとするならば，ときには，教師自身が自らを子どもの前に開示することも必要だろう。それは何も特別なことではない。たとえば，感動することがあればそれを素直に子どもの前で表現する。愚直に仕事をする姿を子どもたちに見せる。失敗した子に自身の失敗談を披露して支えてあげる……。こんな当たり前のことから始めればよいのではないだろうか。「先生も君たち同様，試行錯誤しながら精一杯今を生きているんだ」，「ともに学び，楽しい学校生活をつくっていこう」。こんなメッセージを子どもたちに届けることができれば，彼らとの関係は確実に深まっていくにちがいない。

3．信頼関係を土台にした「ほめる」「叱る」

(1)　「ほめる」「叱る」のむずかしさ

教育実習から戻って来た学生から，「子どもをほめるのは何とかできたけど，叱るのはむずかしかった」という声を聞く。たしかに，ほめるのならお互いにいい気分で向き合うこともできるが，叱るというのはある意味厳しい時間を共有することでもありむずかしそうだ。たとえば，「その子が叱られるような行

動をとった状況はどうだったのか」「学級のルールはどうなっているのか」「叱った場合，その子は必要以上にネガティブに受けとめたりしないだろうか」など，少し考えただけでもおさえるべき点は多い。単に表層的な叱り方に終始すれば，その子をよくしたいという教師の願いが子どもの心に届かないばかりか，かえって逆効果にもなりかねない。子どもとの関係も十分に築けておらず，また学校の実情も不案内な実習生にとってはたいへんむずかしいことに思えても不思議ではない。

　一方，子どものなかには，ほめられたのに何だかお世辞を言われたようだと首をかしげたり，そのほめ言葉がかえってプレッシャーとなって萎縮してしまったりするケースも見られる。いくらほめ言葉とはいえ，ピントがずれていたり，その子の受けとめ方に対する配慮がなされていなかったりすれば，その子の次の意欲や自信にはつながらない。

　このように，「ほめる」「叱る」ことは思いのほかむずかしい。以下，配慮すべき点について考えていきたい。

　(2)　願いやメッセージをしっかりと届けるために

　あらためて述べるまでもなく，ほめる，叱るということは，認め励ましたり，禁止・抑制したりとその行為のベクトルは異なるものの，いずれも社会生活を営む上で望ましいとされる行動を理解させ，自らそのような行動をとれるようにすることが目的である。

　その「望ましい行動」は，当然その時代や社会の一般通念に拠るものだが，気をつけないと単に形式的な「よい子像」を子どもに強制してしまいかねない。ほめるにせよ叱るにせよ最終的に子どもに伝えたいことは，「あなた自身，そしてあなたのまわりの人たちのことを思いやりながら，ともに幸せに生活してほしい」という願いでありメッセージであるはずだ。なぜ叱られるのか納得ができなかったり，ほめられても単に自己満足に終わってしまったりすることがないよう，自らの価値観や伝えたいことをはっきりと意識して，自分の言葉で子どもたちに語りかけたい。

その際には，気分や感情に流されることなく，一貫した姿勢で臨むことが大切である。とりわけ感情にまかせて叱るのは自身の気持ちを落ち着かせるための自己満足であり，かえって子どもを不安定にするだけだと自戒すべきであろう。

　また言葉かけについても，その子が前向きに受けとめられるよう，あるいは将来自発的な行動へと移していけるよう，性格や発達に即した十分な配慮と工夫がほしい。さらに，ほめた，叱ったという事実をもって安心するのではなく，教師の言葉をその子がどう受けとめ，内面化したのかに注意を払うよう心がけたい。たとえば，ほめた子が再び見せた望ましい行為を見逃さずに認めてあげたり，叱った子が挽回できる場をさりげなく用意したりするなど，必要に応じて見守り，フォローする姿勢が大切である。

　最後に，これまでのことをふまえ，実際の場面における「ほめる」「叱る」のポイントをまとめると次のようになる。

　すなわち，ほめる際は「よい部分を具体的に」「結果ばかりではなくプロセスや小さながんばりにも目を向けて」「個性に配慮しつつも公平に」ということを，一方叱る際は「その場で簡潔に」「人間性を否定することなく行動そのものを」「集団の前では十分な配慮をしながら」「フォローを忘れずに」ということを心がけるようにしたい。

　しかし，実際にはどんなケースにも応用できるような正しいほめ方，叱り方というものはない。先に述べたように，子どもが本来もつ「成長したい」「認めてほしい」という願いを受けとめ，教師の願いやメッセージを誠実にぶつけていく，そのことこそが基本であると思われる。

（北澤俊之）

▶ワーク
　あなたの実習を振り返り，次のことについてグループで話し合ってみよう。
　① 実習先の子どもたちに対してどのような印象をもったか。
　② 子どもとの関係づくりのためにどのような工夫をしたか。
　③ 子どもにどう接したらよいのか判断に迷ったのはどんな場面か。

④ 子どもとの関係が深まったと感じたのはどんな場面か。

引用・参考文献
・河村茂雄『教師のためのソーシャル・スキル』誠信書房，2002年
・近藤邦夫『教師と子どもの関係づくり』東京大学出版会，1994年
・手塚郁恵「自尊心をはぐくむ叱り方，ほめ方」『児童心理』第53巻，12号，1999年
・三隅二不二・吉崎静雄・篠原しのぶ「教師のリーダーシップ行動測定尺度の作成とその妥当性の研究」『教育心理学研究』第25巻，1977年

3 学級経営の基本 ―学級経営の具体的な業務とは何か―

1．学級経営とは

　学級経営とは，担任としてあるいは副担任として任されたクラスを運営することである。学級運営という言葉のほうがわかりやすいかもしれない。中学・高等学校では，教科教育の授業運営に加えて，教務部や生徒指導部などさまざまな校務分掌，さらにこの学級運営という仕事が任されることになる。

2．学級経営の業務内容

　教師の仕事は，実に多岐に渡る。教科指導が本務だと思い教職に就くと，その考えは誤りであったことを認識することになる。上で述べた教務や生徒指導などの校務分掌や学級経営は，「雑務」と認識される可能性がある。学級経営を雑駁に「いじめのない仲の良いクラスづくりをする」くらいに捉えると，その目的を達成する下位業務が曖昧になり，雑務として捉えられてしまう。曖昧な仕事は動機づけの低い仕事になる可能性がある（森，2010）ため，ここでは敢えて学級経営の業務内容をカテゴリー分けしてみた（表3.1）。各種業務内容は，学級内と学級外における業務，さらに平常時と行事催行時における業務という

表3.1　学級経営の具体的業務

	平　常	行　事
学級内	① 朝礼・出欠確認 ② 学級通信などの発行 ③ 遅刻・早退者への対応 ④ 不登校・問題生徒への対応 ⑤ 終礼・清掃	⑥ 始業式・終業式・入学式・卒業式 ⑦ オリエンテーション・係り決め ⑧ 移動教室・修学旅行 ⑨ 定期考査 ⑩ 運動会・文化祭・合唱コンクール
学級外	⑪ 無断欠席者への対応（④についてもここに当てはまる） ⑫ 教科担当者との連携	⑬ 父母懇談会・三者面談 ⑭ 判定会議

視点で分けることができる。このように個々の業務を細かく見てみると，こうした業務も教師の本務であることがわかるであろう。まずは授業内で各業務がどのようなものだと考えられるか，2～4名ほどのグループをつくり，表3.1に示す①～⑭の学級経営の業務が具体的にどのようなものか話し合い，書き出してみよう。さらにその結果をクラスで発表し討議することにより，認識を深めることができる。

表3.1であげた以外にも，学級経営にはさまざまな業務がある。たとえば，地震等災害時の危機管理指導なども近年では重要な学級経営の業務であるといえよう。また，最近になり注目を集めてきたのが発達障害のある生徒に対する処遇である。

3．具体的な業務内容

以降，表3.1に沿って学級経営の各業務内容について考えていく。各業務の目的・手順・留意点などステップを踏んだ論じ方はしない。その代わりに，筆者の個人的な体験をもとに，留意してもらいたいことを述べていく。ここで扱いきれない内容については，授業担当者に質問をするようにしてもらいたい。

学級経営の具体的業務を平常時と行事催行時という区分と併せて，学級内と学級外という区分も行った。この区分けは，学級外の第三者が学級経営の業務に関わる程度で判断した。④⑧⑨⑩などは学級外の人間との関わりもあるだろうが，⑪～⑭に比べれば関わる程度が低いと考えた。最初に，①朝礼・出欠確認について述べる。

① 朝礼・出欠確認　　朝礼で最も重要なことは欠席者の確認である。事前に届出のない欠席者は，学校によっては家に連絡をする必要もあるので，しっかりと確認をする必要がある。朝礼では，そのほかにクラス全体への伝達事項などがある。この伝達事項は通常，朝礼前に行われる学年集合で確認される。そのほか，朝礼の大きな目的の1つは，その日一日落ち着いて学習できる環境を整えることである。騒がしい状況など，生徒が落ち着かない雰囲気では学習

に集中することは困難である（櫻井，2009）。生徒が集まるその日最初の機会である朝礼で，落ち着いた学級内の雰囲気を形成することが大切である。終礼に関してもいえることであるが，伝達事項を含めて話はなるべく短くすべきである。話が長いと，生徒の集中力が途切れる可能性がある（学校例話研究会，2007）。

② **学級通信などの発行**　学級通信は，担任によって発行するかどうか任される学校が多く，週に1回，通常は月に1回くらいだと考えてよい。内容は，当該週間（月間）に行われる行事について，また学級内で受賞者などがあった場合の告知，さらに保護者への連絡事項なども考えられる。

③ **遅刻・早退者への対応**　遅刻をした生徒は，基本的には直接に教室へ行き授業を受けることになる。授業終了後の休み時間に担任まで到着した旨を事前申請の有無にかかわらず報告するように習慣づける必要がある。風邪などで早退をする場合には保健室の養護教諭と連絡をしっかりと取り，早退する旨を家に連絡し，生徒手帳に早退時刻・理由などを記す必要がある。

④ **不登校・問題生徒への対応**　学級経営において最もむずかしい問題が不登校・問題生徒への対応である。ここでは，対応を方法論としては詳述しない。問題のある生徒に対して，解決のための適切な指導を行えるかどうかは重要な教師の資質である（八尾坂，2006）。しかしながら，こうした指導は方法論として一般化できるものではなく，1つの方法を示すことで，それをあらゆるケースに当てはめてしまう危険性もある。

教科担当者から「○○さんは授業中，私語が多く集中力が続かない」などと報告を受けることがあると思う。今までこうした生徒は，ただ「落ち着きのない生徒」として扱われてきたが，最近の研究では注意欠陥／多動性障害（AD／HD）やアスペルガー症候群などの発達障害の可能性があることが指摘されている（森，2010）。こうしたことから，現代の教師はこのような発達障害に関するある程度の知識を有することが望ましい。しかしながら，どんなに多くの本を読んで頻繁に講習会に参加していても，医師免許をもたない教師が特定

の疾病と決して判断してはならない。養護教諭，スクールカウンセラーなどと連携を深めて対処をする必要がある。

　長期にわたり学校に来ることができない生徒がいる場合にも，教師は慎重に対応をする必要がある。登校に対して不安感が強い場合には，登校に向けた直接的な登校刺激を与えることが逆効果になることもある。また，不登校の原因を調べることに大きなエネルギーを割く教員も多数いる。しかしながら，多くの場合，不登校の原因は本人や家族ですら特定できない。不登校の原因が見つからないと，いつまでも不完全な人格であると自責をすることもある。学校が配置しているスクールカウンセラーや，場合によっては教育支援センター（適応指導教室）への通室ということもありうる（森，2010）。

　学級経営という観点から，不登校生徒への対処として忘れてはいけないのが，欠時数・欠席日数のカウントとその結果の適切な伝達である。たとえ不登校の原因が排除されて登校できるようになったとしても，欠時数・欠席日数が多い場合には原級留め置きになることがあり，それに伴い退学を余儀なくされることがある。学級経営としては，不登校の原因を考えたり不登校を改善したりすることに全力を尽くすよりは，保護者とはちがう立場になって当該生徒の欠時数・欠席日数を計算し，状況をよく把握し，適切なタイミングで生徒や保護者に伝えることが重要である場合が多くある。とくに保護者へは，欠時数・欠席日数について，早めに面談をして伝えることが肝要である。その意味でも，欠時数・欠席日数については早い段階で学年主任を通して教務主任（部長）などと相談することも同様に重要である。この業務は学級外の人との関わりの程度が高い。

　⑤　**終礼・清掃**　　終礼は翌日に関わる連絡事項を伝達し，下校時の注意喚起を行うことが主たる目的である。連絡事項は朝礼と同じように，終礼直前に学年集団が短い打ち合わせをして，翌日の連絡事項の有無，内容を確認することになる。生徒に連絡事項を確実に伝達することが大切である。終礼後に割り振られた当番が教室やそのほか施設の清掃を行う。落ち着いた学習環境を整え

るためにも，清掃は重要な作業であることを生徒に認識させる必要がある。

⑥　**始業式・終業式・入学式・卒業式**　こうした式典は自らの学びの始まりと終わりをしっかりと認識させるための1つの「区切り」である。始業式・入学式は学級集団が形成される際に行われる式典であるため，学級経営の重要な第1日目となる。生徒に学ぶことの必要性・重要性，また学ぶための決まりごとなどをしっかりと認識させる必要がある。終業式では各学期における自らの学びを生徒に省察させ，次の学期への目的と抱負を考えさせることを求める。卒業式では3年間積み重ねた学びの集大成を祝うことで，生徒自身の成長を実感させることができるよう，教師の講話が大きな意味をもつことになる。講話については，のちほどワーク2．で取り扱う。

⑦　**オリエンテーション・係り決め**　オリエンテーションは，大変労力のかかる負担が重い業務である。生徒から教師へ提出する書類は誓約書など10を超す場合もある。また学校から生徒へ配布する書類も多く，この回収と配布，それぞれの書類の書き方や扱い方などの注意を漏らさず行うには相当な準備が必要である。したがって，3月末から学年会で多くの時間がこのオリエンテーションの準備に費やされる。こうした書類の回収や配布以外にも学校の施設や行事などを説明すること，整美委員・保健委員・学級委員など学級集団を形成することなど学級経営を円滑に行うための最初の大仕事となる。さらに，こうした作業をおおよそ2日間くらいで済ます必要があるため，時間のマネジメントも重要となる。

⑧　**移動教室・修学旅行**　移動教室や修学旅行で一番心がけなければならないことは，無事故で生徒を家庭に戻すことである。そういった意味で外泊する前から生徒一人ひとりの体調などを把握しておく必要がある。また食物アレルギーなどがないか，保護者に確認をしておく必要もある。移動教室や修学旅行では，生徒が学校内では日ごろ見せない側面を知るよい機会でもある。

⑨　**定期考査**　定期考査の結果は生徒のその後の進路を決定づける可能性が高いので，とくに不正行為，あるいは不正行為とみなされる行動がないよう

に生徒に事前に徹底すべきである。定期考査では普段授業を担当していない教員が試験監督を行うことがある。そうした場合には短い時間ながらも，教室の様子がどのようなものであったか聞く必要がある。

⑩　**運動会・文化祭・合唱コンクール**　運動会や文化祭などは日ごろの学級経営がうまくいっているかどうかが試される機会である。また担任にしてみれば生徒同士のやり取りを通してクラスの雰囲気や一人ひとりの個性・特徴を知るよい機会でもある。運動会や文化祭では事前に準備の会議が生徒自身主体になって数度開かれる。学級経営がスムーズに進んでいる場合にはこうした会議にクラスの委員が漏れなく出席して連絡事項をクラス全員に報告がされ，まとまって行動が取れる。学級経営がスムーズでない場合にはこうした連絡事項がうまく伝わらず，クラスはまとまった行動が取れない。賞や順位などだけでなく，事前の準備活動に大きな配慮をする必要がある。

⑪　**無断欠席者への対応**　届出のない無断欠席者がいる場合には，必ず保護者に連絡を取る必要がある。欠席者が事故に巻き込まれていることも考えられ，対応が遅くなればなるほど，問題も大きくなるからだ。無断欠席が多い生徒に関しては保護者と面談をして，生徒の様子を詳しく聞く必要がある。

⑫　**教科担当者との連携**　担任といえども，そのクラスの授業をもっていなければ生徒と接する時間は多くない可能性がある。たとえば，英語の授業が週に5時間あった場合，担任よりも教科担当者のほうが，クラスの実情をよく把握していることもあり得る。こうしたことから，英語・算数（数学）・国語の教科担当者や実技科目である音楽・美術・体育などの教科担当者に日ごろの授業の様子などを聞くことが必要だ。また，教科担当者とは，今述べたことと逆の方向で連係することも考えられる。たとえば，ある学習項目について生徒が困っている場面において，その生徒は教科担当者に相談しにくい場合がある。その教師に習っていてわからないことが出てきたのだから，同じ人物に聞いても問題が改善されないと考えることがあるからだ。そうしたときには，学級経営の一環として学習相談（高垣，2008）を行う場面も出てくるであろう。その

場合には,自分がもつ知識の範囲内で,学習項目ではなく学習方法について,生徒から話を導き出す必要がある。

⑬ **父母懇談会・三者面談** 父母懇談会・三者面談は,普段教師が学校でしか知らない生徒の家庭での様子を保護者から直接に聞く貴重な機会である。したがって,一方的に教師が話をするよりも,保護者から話を聞く時間を多くつくるべきである。父母懇談会でまず父母に伝えることは「お子さんが教師の悪口を言っても,それに同調しないで,具体的に問題だと感じた内容をご父母の皆さまから直接教師にお聞かせください」と話すことである。父母が生徒に同調して教師の陰口をするようになると,生徒は教師をまったく信用しなくなり,学級経営が円滑に進まなくなる。父母の協力が大切であることを最初に訴える必要がある。また三者面談では,保護者を前にして生徒の成績や素行などについて否定的なコメントは避け,問題があったとしても解決の道筋をともに探る姿勢を取るべきである。

⑭ **判定会議** 判定会議は,2期制の学校であれば前期終了前と後期終了前に年に二度行われる。高等学校の場合であれば,生徒のそれぞれの教科の単位取得が認められるか否か,さらに進級の判定がなされる。学級経営の業務の1つとして判定会議資料をしっかりと把握する必要がある。その判定会議において扱われる資料のうち,欠席日数,遅刻・早退数などは担任が計算する必要がある。自分の学級の生徒が判定会議で取り上げられた場合には,当該生徒について適切な応答が求められる。

以上⑪〜⑭が学級外の人間と関わりの程度が大きい業務であると考える。学級外の人間と関わりが深い業務は,学級運営をする担任自身のコミュニケーション能力が大きな意味をもつことになる。　　　　　　　　　　　（鈴木明夫）

ワーク

1. 「教職実践演習」のクラス内で受講者をいくつかのグループに分け,a）中央委員,b）風儀委員,c）図書委員,d）整美委員,e）保健委員……のいずれかに割り当てる作業を実践してみる。割り当て作業を行うのは学級経営の1つの

業務である。この業務のむずかしさ，あるいはうまく割り当てる方法などを記録して検討してみよう。
2．始業式・終業式・入学式・卒業式において話す「講話」を考え，発表をして討議しよう。
3．模擬三者面談を行う。時期は高校２年生の夏（７月初旬）と仮定し，４名が１グループを構成する。１名が保護者（父親か母親），もう１名が生徒，もう１名が教師の役割をし，最後の１名は記録者で面談内容を詳しくメモする。面談内容は「卒業後の進路について」。保護者役と生徒役がそれぞれ相談内容を事前に決め，その内容を教師役に相談する。記録者が面談内容をクラスに発表して全体で討議しよう。

引用・参考文献
学校例話研究会編『教師の話し方―例話講座―』学事出版，2007年
櫻井茂男『自ら学ぶ意欲の心理学』有斐閣，2009年
高垣マユミ編『授業デザインの最前線』北大路書房，2008年
森敏昭編『よくわかる学校教育心理学』ミネルヴァ書房，2010年
八尾坂修「教師に必要な資質の具体的考察」『教職課程』協同出版，2006年

4 問題行動への対応 ―特別なニーズを要する子どもへの対応―

1．生徒指導上の問題への対応

　児童生徒は一人ひとり性格や能力，さらに発達段階や家庭環境が異なるため，問題行動への対応は個々に応じたものを提供することで効果が望まれる。それには教師が日ごろから児童生徒と関係を築き，彼らをよく理解しておくことが不可欠で，日々の関わりが問題の早期発見，適切な対応を可能にする。また問題行動が生じる背景やその対応は，児童生徒個人の状況から問題を把握しようとする微視的視点，学級・学校全体の機能や力動から問題を捉える巨視的視点（問題をもった児童生徒が別の集団（たとえば部活動）ではトラブルをかかえないことや，また学級全体の雰囲気を変化させることで，個人の問題の除去につながることも多い）の両方で行っていくことが必要である。ここでは，学校内で生じる生徒指導上の問題とその対応について紹介する。

(1) 不登校

　学校に行かない児童生徒は，日本においては1950年代ころから報告されるようになり，その後1980年代後半からその人数が増加し，それとともに広く学校に行けない，あるいは行かない状態をさすものとして「不登校」と総称されている。現在では，不登校を特定の子どもに特有の問題があることによって起こるという固定的な概念で捉えるのではなく，「どの子どもにも起こりうる」という認識が一般的である。

　文部科学省は，例年「児童生徒の問題行動等生徒指導上の諸問題に関する調査」において，不登校の児童生徒数を発表している。ここでいう「不登校」とは，年間30日以上の欠席がある児童生徒のなかで，「何らかの心理的，情緒的，身体的，あるいは社会的要因・背景により，児童生徒が登校しないあるいはしたくともできない状況にあること（ただし，病気や経済的な理由によるものを除

く）」をさしている。その現状を見ると，不登校児童生徒数は2011年度は11万7458人で，小学生では304人に1人，中学生では38人に1人となる。実に中学校では，学級に1名は不登校生徒がいることになる（文部科学省, 2012）。

不登校への対応

① **不登校になった背景への理解**　児童生徒が不登校になると，学校，保護者ともに「何が原因なのか」と探ろうとする。「友人関係にトラブルが生じたのか」「勉強についていけないのか」「学校外で遊ぶことが楽しくなったのか」とさまざまあろう。児童生徒のもつ発達段階や家庭環境も不登校の重要な背景要因となる。しかし原因は重複していたり，また不登校児童生徒本人も何が原因なのかはっきりつかめていないケースも多く，原因や背景要因を探ることが直接再登校につながることは少ない。原因や背景要因を理解しようとすることを通して，不登校児童生徒との関係を新たに築く礎とし，学校に来ていなかったとしても関係をもち続けることをめざしたい。

② **社会的自立に向けた支援**　文部科学省は，不登校への対応のあり方として表4.1の5点をあげている。このなかで最も強く打ち出されているのが，「社会的自立に向けた支援」である。登校するか否かという目の前の課題にとらわれることなく，不登校児童生徒の将来の進路を中心に探り，対応することが支援として重視されている。中学卒業後の進路としては現在，通信制や単位制高等学校などさまざまな種類の高等学校が設置され，本人に合ったスタイルを選択することが可能になっている。高等学校入学者選抜にあたっては，選抜方法の多様化や評価尺度の多元化の観点から，高等学校への通学動機などを不登校児童生徒自ら記載した書類を調査書以外の選抜資料として活用するなど欠席日数が選抜に大きく影響することを避け，より適切な評価に配慮するよう求められている。小学校，中学校で不登校だったからといって，その後の将来が閉ざされることはまったくない。

③ **居場所の確保**　現在，不登校児童生徒が過ごす場所はさまざまに設定されている。学校内ではカウンセリングルーム，保健室や空き教室（別室），

表4.1　不登校への対応のあり方について

不登校に対する基本的な考え方

① 将来の社会的自立に向けた支援の視点
　　不登校の解決の目標は，児童生徒の将来的な社会的自立に向けて支援することであること。したがって，不登校を「心の問題」としてのみとらえるのではなく，「進路の問題」としてとらえ，本人の進路形成に資するような指導・相談や学習支援・情報提供等の対応をする必要があること。

② 連携ネットワークによる支援
　　学校，家庭，地域が連携協力し，不登校の児童生徒がどのような状態にあり，どのような支援を必要としているのか正しく見極め（「アセスメント」）を行い，適切な機関による支援と多様な学習の機会を児童生徒に提供することが重要であること。その際には，公的機関のみならず，民間施設やNPO等と連携し，相互に協力・補完し合うことの意義が大きいこと。

③ 将来の社会的自立のための学校教育の意義・役割
　　義務教育段階の学校は，自ら学び自ら考える力なども含めた「確かな学力」や基本的な生活習慣，規範意識，集団における社会性等，社会の構成員として必要な資質や能力等をそれぞれの発達段階に応じて育成する機能と責務を有しており，関係者はすべての児童生徒が学校に楽しく通うことができるよう，学校教育の一層の充実のための取組を展開していくことがまずもって重要であること。

④ 働きかけることや関わりを持つことの重要性
　　児童生徒の立ち直る力を信じることは重要であるが，児童生徒の状況を理解しようとすることもなく，あるいは必要としている支援を行おうとすることもなく，ただ待つだけでは，状況の改善にならないという認識が必要であること。

⑤ 保護者の役割と家庭への支援
　　保護者を支援し，不登校となった子どもへの対応に関してその保護者が役割を適切に果たせるよう，時機を失することなく児童生徒本人のみならず家庭への適切な働きかけや支援を行うなど，学校と家庭，関係機関の連携を図ることが不可欠であること。

出所：文部科学省，2003年

学校外では教育委員会が設置・運営する教育支援センター（適応指導教室），NPO法人などが運営するフリースクールなどがある。できれば不登校児童生徒や保護者と話し合いながら彼らに合った場所を提供したい。また，外に出ずに家庭にいる場合は，子どもを支える保護者と連携を取りながら，保護者の不安や焦りを取り除くようにしたい。

(2) いじめ

「いじめ」が大きな社会問題として取り上げられるようになったのは，1980年代のことである。当時は日本独特の現象と捉えられがちであったが，その後，北欧やイギリスなど各国でいじめが報告されるようになり，現在では多数の社会に共通してみられる現象であることがわかっている。

いじめの定義としては，文部科学省は 2006 年度に見直しを行い，「いじめ」とは，「当該児童生徒が，一定の人間関係のある者から，心理的・物理的な攻撃を受けたことにより，精神的な苦痛を感じているもの」となっている。この見直しでは，個々の行為が「いじめ」にあたるか否かの判断が表面的形式的に行われることなく，いじめられた児童生徒の立場に立ち，その児童生徒の気持ちを重視することが前面に出されたことが大きな特徴である。つまり，行為が「けんか」「ふざけ」「いじめ」のいずれなのか一見してむずかしい判断を，行為を受けた児童生徒が「いじめ」と思った時点で，「いじめ」と判断することとし，それまでの「発生件数」ではなく「認知件数」として統計値を改めることになった。文部科学省（2012）が発表した 2011（平成 23）年度のいじめの認知件数は 7 万 231 件（1 校あたりの認知件数：小学校 1.5 件，中学校 2.8 件，高等学校 1.1 件，特殊教育諸学校 0.3 件）となっている。

いじめへの対応

① いじめの把握　担任教師は，いじめには気がつきにくいといわれている。したがって，児童生徒を外から観察しているだけでは，いじめに気がつくことはむずかしいかもしれない。定期的に面接を実施することやいじめの認知状況に関するアンケート調査を行い，学級の様子をつかんでいきたい。

② 個人の規範意識の強化　学級では，なによりも「いじめはいけないという認識」「いじめを許さない雰囲気」を根づかせることを目標にしたい。いじめのような行為はどこまでが許され，許されないのか境界が曖昧なため，加害者は加害意識を強くもたない場合が多い（森田，2010）。どのような行為がいじめなのかについて児童生徒とともに考え，共通理解をもつことが重要である。

③ 学級構造の見直し　いじめは「加害者」と「被害者」，さらにいじめをはやしたて，おもしろそうにながめている「観衆」と見てみぬふりをしている「傍観者」という4層構造となっていることが指摘されている（図4.1：森田，2010）。「観衆」は手を下さないが，いじめを積極的に是認することで加害者のいじめ行為を強化し，また「傍観者」は知らないふりをすることにより，いじめ行為を実質的には容認している。こうしていじめは被害者以外の学級内の成員に支持され，継続していくこととなる。いじめを抑止するには，「観衆」はいじめ行為をはやしたてず，「傍観者」は冷ややかな態度を取り，「加害者」が学級のなかで次第に浮き上がることが必要である。しかし実際には，「傍観者」は次に自分が被害者へとおとしいれられることへのおそれがあるため，学級のなかで抑止力となることはむずかしい。また，わずかではあるが「仲裁者」が出てくるが，その「仲裁者」は学級の雰囲気によっては，仲裁することによっていじめられる被害者になりかねない。いじめをいかに克服するかは，いじめが生じた学級内の構造がどのようになっているのか見直すこと，さらには「傍

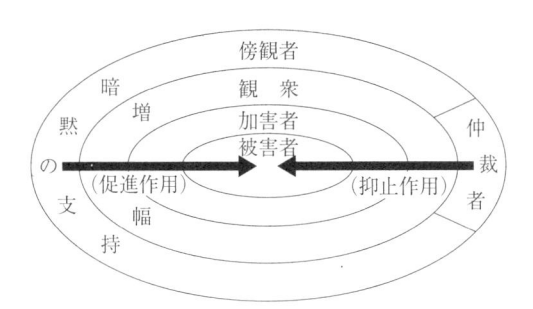

図4.1　いじめ集団の四層構造モデル

観者」が「仲裁者」へと変化することが容易になるよう"いじめは許されない"という学級の規範意識をしっかり根づかせることが肝要である。

(3) 非　行

「非行」とは，幅広い意味をもつ用語である。20歳未満の者の犯罪行為に適用される少年法の規定では，「非行少年」とは犯罪少年（犯罪行為を犯した14歳以上20歳未満の者），触法少年（刑罰法令にふれる行為をした14歳未満の者），ぐ犯少年（刑罰法令に該当しない行為があり，将来，罪を犯し，または刑罰法令にふれる行為をするおそれのある者）のことをいい，これらの少年は家庭裁判所の審判の対象となりうる。一方，学校でいう「非行」とは，校則を守らない，服装が乱れている，無断欠席や遅刻をするなど，学校がもつルールから外れ，教育上指導が必要な児童生徒をさしている。

「犯罪，非行はその時代を映し出す鏡である」といわれるように，非行はその時代の少年たちを取り巻く家族，学校，社会との関係性を捉えることでもある（村尾，2008）。戦後から現在の少年非行の歴史的推移を見ると表4.2のような特徴が示されている。先にみた不登校やいじめの問題は，歴史的推移からみ

表4.2　非行の歴史的推移

Ⅰ期（1945-1959）	貧困型非行	戦後の経済的な混乱と復興を社会的背景とした非行が多発した時期
Ⅱ期（1960-1975）	反抗型非行	高度経済成長のなかで，遊ぶ金や物を盗む非行が多発した時期
Ⅲ期（1976-1989）	学校型非行	石油ショックによる経済不況からバブル経済まで急激な経済変動のなか，全国の中学校で校内暴力が頻発した時期（その後学校内の問題がいじめと不登校になり，少年たちの攻撃性の質が大きく変容した時期）
Ⅳ期（1990-1999）	キレル型非行	バブル崩壊後の深刻な不況のなか，「普通の子」が突然キレて生じた重大事件やゲーム感覚での凶悪事件が発生した時期
Ⅴ期（2000-現在）	ネット型非行	ネット集団自殺や出会い系サイトに関連した非行や学校裏サイトを利用した陰湿ないじめが多発している時期

出所：村尾，2008年より作成

ると，1980年代の校内暴力が多発したあとに増加しており，時代の流れのなかで生徒指導上の問題も生じていることがわかる。

警察庁の報告によると，2011（平成23）年度の刑法犯少年（犯罪少年のうち刑法犯で警察に検挙された者）は人口比（同年齢層人口1000人あたりの検挙人員）10.7人（約1％）となっている（警察庁，2012）。

|非行への対応|

① アセスメント　非行への対応としてはまず，どのような非行が行われたのかアセスメントをすることが望まれる。押切（2003）は，非行のアセスメントとして，①非行か不良行為か：少年法の対象となるのか否かを確認する，②グループか単独か：グループの場合はグループへの働きかけと個人への働きかけを分けて行う，③繰り返しか初めてか：とくに「初めて」の場合，大人からの注意が効果を上げる可能性が高いので適切な働きかけが大切なものとなる，④保護者の関わり方はどうか：家庭状況を確認する4点をあげている。

アセスメントは，児童生徒への効果的な対応を決定するために必要なことで，さまざまな情報を得るために複数の教師間で行うほうがよい。

② 被害者意識に対する理解とケア　非行を行う少年は罪を犯した加害者でありながら，気持ちの上では，あたかも自分が被害者のような立場に立っているという指摘がある（村尾，2008）。悪いことをしたという自覚はあるが，気持ちの上では「自分は不幸である」「不運である」「不当な扱いをされている」といった被害者意識が根強く，罪悪感が深まらないという。学校内での非行であったとしても，問題行動を起こす児童生徒は，それまでに傷ついた体験をし，その恨みを晴らすような気持ちで問題行動を起こしているかもしれない。行った行為については悪いことだとしっかりと伝えながら，しかし児童生徒の気持ちに寄り添った対応を考えたい。

2．特別なニーズを要する子どもへの対応

特別なニーズを要する子どもへの対応は，2007（平成19）年に文部科学省か

ら「特別支援教育の推進について(通知)」が示され,特殊教育(障害児教育)から特別支援教育へと大きな転換点を迎えた。その理念は表4.3に示すとおりで,特別支援教育が通常学級においても実施され,一人ひとりの教育的ニーズに応じた適切で積極的な教育的支援が目標とされている。

　文部科学省(2003)の調査によると,学習障害(LD),注意欠陥／多動性障害(AD／HD),高機能自閉症など,学習や生活の面で特別な教育的支援を必要とする児童生徒数は,通常の学級に6.3%程度の割合で在籍している可能性があるという(担任教師による回答に基づくもので,専門家による診断ではない)。教育現場でよく取り上げられるこれら3つの障害は,発達障害の1つであり,知的発達の遅れは伴わないが脳の機能障害や中枢神経系の機能不全が原因で生じる障害と考えられている。この障害をもつ児童生徒は,教師にとって「困った」行動をすることがあるが,その行動はわざとではないので,本人を変えるという視点ではなく,周囲の接し方を変えていく視点が必要となる。また各障害は,障害間や障害をもっていない児童生徒との間で明確な区分をすることが困難なケースがあり,教室での特別支援は,障害の有無ではなく,児童生徒の個々のニーズに応じた適切な支援をめざすことが求められている。ここではどのような状態を障害と判断しているのか理解を深めるために,よく取り上げられている3つの障害の特徴を述べ,その後特別なニーズを要する児童生徒への

表4.3　特別支援教育の理念

特別支援教育は,障害のある幼児児童生徒の自立や社会参加に向けた主体的な取組を支援するという視点に立ち,幼児児童生徒一人一人の教育的ニーズを把握し,その持てる力を高め,生活や学習上の困難を改善又は克服するため,適切な指導及び必要な支援を行うものである。 　また,特別支援教育は,これまでの特殊教育の対象の障害だけでなく,知的な遅れのない発達障害も含めて,特別な支援を必要とする幼児児童生徒が在籍する全ての学校において実施されるものである。 　さらに,特別支援教育は,障害のある幼児児童生徒への教育にとどまらず,障害の有無やその他の個々の違いを認識しつつ様々な人々が生き生きと活躍できる共生社会の形成の基礎となるものであり,我が国の現在及び将来の社会にとって重要な意味を持っている。

出所:文部科学省「特別支援教育の推進について」2007年より抜粋

対応について考えていく。

(1) 障害の特徴

① **学習障害**（LD：Learning Disability）　学習障害は、基本的には全般的な知的発達の遅れはないが、聞く、話す、読む、書く、計算する、または推論する能力のうち特定のものの習得と使用に著しい困難を示すさまざまな状態をさし、その原因として視覚障害、聴覚障害、知的障害、情緒障害などの障害や、環境的な要因が直接見られないことが特徴とされる。

② **注意欠陥／多動性障害**（AD／HD：Attention Deficit／Hyperactivity Disorder）　この障害は、①不注意（集中困難、注意散漫、忘れっぽいなど）、②多動性（多動、離席、多弁など）、③衝動性（待てない、ちょっかいを出す、邪魔をするなど）の3つの症状が特徴である。また、この障害を判断するには、これらの症状が2つ以上の状況（たとえば家庭と学校）において見られることが条件となる。

③ **高機能自閉症**　「自閉症」とは、3歳までに現れ、①他人との社会的関係の形成の困難さ（社会性の障害）、②言葉の発達の遅れ（コミュニケーションの障害）、③興味や関心が狭く特定のものにこだわること（想像力の障害）を特徴とする行動の障害である。「高機能自閉症」とは、その特徴をもちつつ知的発達の遅れを伴わないものをさす。とくに他人の考えや感情を理解することや状況判断が苦手なため対人関係がうまくいかなくなることが多い。なお、アスペルガー障害とは、上記①③の特徴をもつものの、②言葉の発達の遅れを伴わないものをさす。ただし、高機能自閉症とアスペルガー障害とを明確に分類することはむずかしい。

(2) 特別なニーズをもった児童生徒への対応

① **児童生徒の障害ややりにくさに気がつくこと**　児童生徒がもつ障害ややりにくさは一見ではわからないことが多いため、支援の対象として考慮してもらえないケースが少なくない。周囲と異なる行動を示す児童生徒は、注意や叱責を過剰に受けたり、怠惰、わがままと誤解されることが多く、本来もっている問題（一次的障害）を越えて自尊心の低下、自信の喪失を招き、ひいては

非行や不登校など，二次的な問題行動（二次的障害）につながりやすい。教室内で嫌がられる行為，怒られる行為を何度も繰り返す児童生徒，周囲とは異なる行動や反応をする児童生徒は，特別な支援が必要な可能性があるという認識が必要である。

　②　**状態を把握すること**　　つぎに，どういう状況で困った行為が生じたのか確認したい。たとえばLDの児童生徒であれば，何ができて何ができないのか（本は読めるのに漢字は書けないなど）を見極める必要が出てくる。AD／HDの児童生徒の場合，落ち着きがない一連の行為は何時間目に（何の授業で）起きやすいのか，その行為の前後で何が起きていたのか，家での様子はどうなのか，自分の行為をどの程度客観的に理解しているのかなど，情報を整理してみると行為のきっかけやパターンがわかる。また，高機能自閉症の児童生徒は，友だちとの間でトラブルを起こしやすい。どのようなやり取りでトラブルが起こるのか，本人はトラブルが生じた理由や背景を理解しているのかなど把握するとよい。

　③　**教室内でできる工夫をすること**　　まずは，教室内でできる工夫をできるだけ多く探して実施してみたい。教材の工夫（LDで漢字が書けない場合は，マス目を大きくして横棒や縦棒をわかりやすくする，作文が書けないのであれば，内容を区切って順序立てて大人が一緒に書くことから始めるなど），座席位置の工夫（AD／HDの場合はその子どもの席を前にする，壁には気の散りやすいものを貼らない）などがある。また保護者の許可が得られれば，ほかの児童生徒に障害の特徴を理解してもらい，余計なトラブルを防いで円滑な対人関係が築ける工夫をしたい。さらにどの障害についても，トラブルが生じたあとに落ち着いた状態に戻りにくいときは，教室以外に居ることができる場所とそれを見守る大人を確保することが必要である。

　④　**教師との信頼関係を構築すること**　　信頼関係は児童生徒に心理的な安定をもたらし，たとえ落ち着かない行為やトラブルが生じたとしても，比較的容易に混乱からの回復を可能にし，さらにトラブル状況への洞察を促すことも

可能となる。また信頼関係が築けていれば，不用意な二次的障害の発生も防ぐことができる。
　　　　　　　　　　　　　　　　　　　　　　　　　　　（榎本淳子）

ワーク

1．あなたの学級のAさん（中学１年生）は友だちが多く活発だが，突然学校を続けて欠席した。家に訪問をすると「学校に行きたくない」と言った。あなたは担任教師として，まずどのような言葉をかけますか。ロールプレイをしてみよう。そして今後どのような対応が考えられるか，できるだけ多くあげてみよう。
2．あなたの学級のB君（小学３年生）はよく授業中に落ち着きがなくなり，隣の席の子どもを定規で叩いて隣の子は嫌がっている。それを見てあなたは怒るが，B君には変化がなく，怒るだけでは効果がみられない。あなたは担任教師として，どのような対応が考えられるか，できるだけ多くあげてみよう。

引用・参考文献

独立行政法人国立特殊教育総合研究所『LD・ADHD・高機能自閉症の子どもの指導ガイド』2005年

村尾泰弘「現代非行と非行臨床」　村尾泰弘編『Q&A 少年非行を知るための基礎知識』明石書店，2008年，pp. 13-33

押切久遠「アセスメントのポイント」　國分康孝・國分久子監修／藤川章・押切久遠・鹿島真弓編『非行・反社会的な問題行動』図書文化，2003年　pp. 26-29

警視庁『少年非行等の概要（平成23年1月〜12月）』2012年（http://www.npa.go.jp/safetylife/syonen/syounennhikoutounogaiyou.pdf）

文部科学省「通常の学級に在籍する特別な教育的支援を必要とする児童生徒に関する全国実態調査」『今後の特別支援教育の在り方について（最終報告）』2003年　（http://www.mext.go.jp/b_menu/shingi/chousa/shotou/018/toushin/030301i.htm）

文部科学省『特別支援教育の推進について（通知）』2007年（http://www.mext.go.jp/b_menu/hakusho/nc/07050101.htm）

文部科学省『平成23年度「児童生徒の問題行動等生徒指導上の諸問題に関する調査」について』2012年（http://www.mext.go.jp/b_menu/houdou/24/09/_icsFiles/afieldfile/2012/09/11/1325751_01.pdf）

森田洋司『いじめとは何か─教室の問題，社会の問題』中央公論新社，2010年

コラム ② 生徒会指導について

　生徒会役員というと，何をすると思うだろうか。行事の際に前に立って挨拶をしたり，委員会活動を進めたりするイメージだろうか。私は教員生活10年のうち昨年度まで高校3年間，中学3年間を継続して生徒会指導にあたった。私の勤務している学校は，伝統ある私立大学の附属中高等学校で自主・自立に重きをおく校風である。生徒会担当は生徒の自主活動を進める役割をもち，クラス担任と兼任することはない。生徒会活動といえば初めは「責任感のあるしっかりした生徒が活動している」ものだと思っていたが，この6年間でまったくそうではないことを実感し，生徒会担当の役割を明確に認識するようになった。

　生徒会の年度初めの課題は，立候補者を各クラスから出し役員を定員数にすることだ。これは意外に大変である。クラスのなかで発言力があり，リーダーになりそうな生徒は大抵すでに部活など何かやりたいことがある。また，クラスの担任は責任感の強そうな生徒がいれば学級委員にしたいと思う。学級委員や部活動は生徒会活動の1つで，委員会や部長会議を運営する役員も同様に大事なのだが，思うように立候補者は集まらない。

　また立候補者が出たとしても，立候補理由を聞くと役員についての認識がずれていることが多い。役員への立候補者は，大抵「生徒会員みんなのために何かしたい」と思っている。しかしそれは，たとえば「みんなのために，漫画や携帯端末機器を学校に持ってこられるようにしたい」などのような学校のルールの規制緩和や廃止など，自分の欲求に基づくものだったりする。また，「会長になりたい」という漠然とした憧れで立候補する生徒もいる。

　生徒会役員が生徒会員の代表であることはまちがいない。しかし，役員の仕事は，全校生徒の前で挨拶をするといったような華やかな活動ばかりではない。むしろ，行事の裏方や普段の委員会運営など，どちらかというと地味な活動が土台となる。新たな活動を始めるにしても，その必要性，見通し，責任の所在など，検討から実行まで時間のかかる地道な作業である。

　高校生徒会の担当の際には，仕事の多さに耐えられない，先輩からの指導に耐えられない，役員内でのいざこざが苦痛などの理由で3年間役員を続けられない生徒が多くいた。はじめに華やかなイメージをもっている生徒ほど続かない。また，がんばった仕事の分だけ生徒会員の喜ぶ姿などが伝われば役員の志気もあがるのだが，「裏方に従事するのが当たり前」「失敗をせずに仕事をするのが当たり前」のような意見を聞いたりすると，やはり辛く感じるようだった。役員をやり終えた結果，生徒会員たちから喜ばれ称賛を受ける年もあれば，残念ながらそうではない年もある。できれば，立候補した生徒たち全員に活動を地道に続けさせ，自他ともに「よくがんばった」と言えるようにしたい。

　私は生徒会役員を育てるためには，学校

組織とは自立した，しかし未熟な「生徒会組織」についてのすべての教員の理解と協力，生徒会員たちへの「自分たちの組織」という意識づけが欠かせないと思うようになった。具体的には，たとえば普段から一般の生徒たち全員の動きをよく見て，機会があればいつでも生徒会活動について理解を深めるよう話をする。話をすると，役員の手伝いをしたり，次年度の生徒会役員をやってみようと思う生徒が出てきたりすることがある。

　また，周りの理解以上に「自分たちで組織を運営する」という，役員たちの自主的な意識や動きを育てることが重要である。役員の立候補者が出たら選挙の前に仕事の内容や役割の確認をし，皆に喜ばれるような活動をするのは簡単なことではなく努力が必要であることを伝える。活動が始まってからは，生徒たち自身でどこまでできるのかを見計らいながら，サポートをしていく。役員たちは教員に頼らずに自分たちで組織を動かせるようになると，自信がつき責任をもって仕事を果すようになる。

　生徒会担当は，クラス担任ほど多くの生徒と密接に関わることはない。しかし，学校組織と生徒会組織全体を見ることができ，自主的に組織を創っていく生徒たちの成長を身近に感じることができる。生徒会担当になって，私自身も学校全体の動きのなかで個々の出来事を捉える視点が随分と身についた。振り返れば，生徒とともに成長できた6年間だったといえるだろう。

〈深澤佳世子〉

Part.3 教科教育の力

1 国語科学習指導の実践力向上をめざして
[国語（中高等学校）]

1．国語科教師に必要な実践力

　4年間にわたる教職課程を振り返ると，皆さんは国語科指導法や国語科教育法を学ぶ段階で，ようやく教職についての意識や免許取得の意欲が強くなったり，教職課程に対する自覚的な学び方が備わってきたりしたことだろう。さらに，4年次になり中学校や高等学校における教育実習の体験を経て，はじめて教師の仕事の困難さやすばらしさを肌で感じられるようになっただろう。教職に関する学びは，実践に近くなればなるほどそのリアリティーが強くなる。実践からはきわめて多くのことを学ぶことができる。

　ところで，国語科教師の実践力にはどのようなものが求められるのか。〈ことばの教育〉と一口にいってもその内実は多岐にわたる。ことばの知識，ことばを用いた技術・方法，言語文化に対する造詣の深さなど，さまざまな位相でしかも多くの事柄を内包しているのが国語科の教科内容である。さらに，国語科教師は，「ことばでことばを」教えなければならない。そこに教科独自のむずかしさもある。教師自身が，豊富な言語に関する知識をもち，表現方法に巧みになり，古典文学や現代評論などがよく読めるということはもちろん必要な条件ではあるが，それだけで十分とはいえない。学習者の豊かな学びのために効果的に働きかけなければならないからだ。どのように教えれば学習者の認識が深まり，望むような言語技能が身につくのか，そのための方途を工夫し，計画的に実践できる力が国語科教師には求められている。そうした力量の形成は，実践の場を離れてはあり得ないだろう。実践こそが教師を鍛え，成長させる。

ひるがえって，教職課程の学びでは，一足飛びに実践には行かず，一見迂遠とも思える理論から学ぶというのが一般的なルートである。実践的な科目である国語科指導法や国語科教育法でさえ，はじめから模擬授業を行うことはない。はじめは教科の理念や歴史，理論的枠組みや学習指導要領などを理解し，次に学習指導案を作成して模擬授業とその振り返りを行うという流れが一般的だろう。この理論から実践へという階梯は，初学者にとっては踏むべきルートであり，その学びの順序は一応は理に叶ったものといえる。だが，同時に理論から実践へという一方向の学びには限界もある。理論の世界と実践の場との間にはそれなりの距離があるからだ。むしろ，実践をくぐり抜けたときにはじめて理論と生きた関係を結ぶことができたり，実践のなかでのつまずきや課題克服のために理論が役立ち，はじめてその意義が理解できたりすることがある。実践を起点にして理論を豊かに学ぶことができるのである。そして，そこから次の実践の展望が開けてくる。そのとき，教師の実践力向上の道もひらけるのである。

　本章では，このような実践と理論の往還という視点から，国語科教師の実践力向上をめざして，教職課程における国語科の指導法についての総括を行う。そこで，教育実習における国語科の授業を起点に，実践から理論を深め直し，新たな実践への展望をひらくようにしたい。

2．教壇実習の検証と反省から

(1) 教育実習における授業を振り返る

　ここでは，モデル事例としてY大学生のW君の教育実習における授業を取り上げ，そこにどのような問題や課題があったのかを探り，国語の教師として教壇に立つために必要な知見や技量の補完と今後の実践のための展望を明らかにしてみたい。

　W君の教育実習の概要は，以下のとおりである。

実習校：東京都X区立M中学校　　　担当科目：「国語」
期間：5月21日～6月8日（3週間）　　担当時限数：総計24時限

担当学年：第2学年（A～C組，計120名）

　3週間のうち，はじめの週は観察実習および朝と帰りのホームルーム指導を担当，後半の2週間が教壇実習であった。第2学年の国語では，小説の単元を各クラス8時限で担当し，そのうち7時限目が研究授業にあてられた。山川方夫の短編小説『夏の葬列』を教材とした「読むこと」の単元である。

　詳細については，次項に掲げた学習指導案を参照してほしい。W君は単元の指導の重点について，教材となっている作品が提起する問題の重さをいかに学習者自身に考えさせるかにおいた。教材は，戦争の記憶を扱っており，けっして明るく楽しく読める内容ではない。中学生が，主人公のかかえ込んだ問題をどう考えるか，真剣に向き合おうとして立案した学習指導構想である。そこで，W君は，学習者自身に考えさせる方法として，〈書く〉言語活動を組み込んだ。研究授業は，ちょうど作品全体の読解をふまえ，小レポートを書く時限にあたっている。

(2)　W君の学習指導案

　ここに示すのは，研究授業におけるW君の学習指導案である。指導教諭との相談を経て，幾度かの修正ののちにようやく完成したものである。

第2学年　国語科学習指導案

1　単元名　　現代の小説を読む
　教材「夏の葬列」（山川方夫）／教科書『伝え合う言葉　中学国語2』（教育出版）

2　指導目標
　○文学作品に親しみ，主体的に物事を考えようとすることができる。【国語への関心・意欲・態度】
　○文体の特徴を捉え，人物の心情と行動の変化を読み取ることができる。【読む能力】
　○比喩の種類や用法を理解しその効果説明ができる。【言語についての知識・理解・技能】

3 評価規準

国語への関心・意欲・態度	読む能力	言語についての知識・理解・技能
人物の心情や作品の展開について、積極的に発言しようとしている。	人物像について、ワークシートやノートに問いに沿った解答が記入できている。	文章中の比喩表現について、具体的にその効果を説明できる。

4 単元について

(1) 教材について

「夏の葬列」は、主人公の幼少時代の記憶と現在の意識が交差し、内面のドラマが展開する小説である。過去の記憶とは、戦争中、疎開先での出来事である。自分を弟のようにかわいがってくれた「ヒロ子さん」を、恐怖のあまり砲弾の雨の中に突き飛ばし逃げだしたことを、サラリーマンとなった男は今も忘れられないでいる。十数年ぶりに立ち寄ったその町で、男はひと組みの葬列とすれ違い、そこで、自分が思っていた以上の罪を自覚させられることとなる。小説内で現在起きている出来事は、男が葬列とすれ違うまでのわずかな時間のたったそれだけのことだが、彼の内面では大きな葛藤と逡巡が湧き起こり、そこに過去の回想場面が挿入されることでより複雑な展開となっている。

そこで、場面毎の時間と出来事を整理しつつ、文章上の特徴である比喩の多用と人称の使い分けに着目させることで男の意識と行動の変化を追い、彼が最後にたどり着いた認識の意味を考えることに学習の主眼をおく。

最終的に本教材の読解を通して、人間のエゴと罪の意識を、戦争とその後の時間の経過の中で考え続けることの意味を考えさせたい。

(2) 学習者について

実習期間を通して窺える第2学年は、比較的おとなしくまじめだが、学習姿勢は受け身であり、自分で考え、積極的に発言することが少ない。ただし、物語や小説の読解は興味を持って取り組むものが多いように感じられる。

本単元は、戦争とその後の人間の生き方を考える作品を扱う。単にストーリーを理解したり、表面的な感想を持って終わる学習ではなく、しっかりと考えさせたい。

(3) 指導の工夫

上記のように、作品を読んで各自に考えさせることに指導の重点を置く。そのために、漫然と考えるのではなく、「書くこと」を通して考えさせたい。本単元は、学習指導要領の指導事項「C(1)イ　文章全体と部分との関係、例示や描写の効果、登場人物の言動の意味などを考え、内容の理解に役立てること」を取り上げるものである。「読むこと」の領域の指導だが、しっかりと読み、考えさせるために「書くこと」を授業展開の要所で位置付けたい。

5 単元の指導計画（全8時限）

1次　1時限目　全文通読，初発の感想執筆。
2次　2時限目　第1段落の読解，主人公の現在を整理する。
　　　3時限目　第2段落の読解，過去の出来事を時間を追ってまとめる。
　　　4時限目　第2段落の読解，「ぼく」の意識と行動の変化を読み取る。
　　　5時限目　第3段落及び第4段落の読解，葬列とすれ違うまでの主人公の心理を追う。
　　　6時限目　第5段落の読解，葬列とすれ違った後の主人公の心理を整理する。
3次　7時限目　（本時）作品全体を振り返り，各自が考えるテーマについての小レポートを書く。
　　　8時限目　まとめ　前時に書いた小レポートを発表し交流する。

6 本時の目標
　○全体のストーリーと主人公の心情をまとめ，作品のテーマについて小レポートを書くことができる。

7 本時の計画　（7／8　時限目）

	学習内容	学習活動	指導上の留意点	時間
導入	1　前時の内容確認 2　本時のねらいの確認	・数名が挙手により，葬列とすれ違った場面で何がわかったのかを発言する。	・前時のノートを開かせる。	5分
展開	3　再度，第5段落を音読する。 4　主人公が，はじめこの町の駅に降り立ったときの心情と，葬列とすれ違った後の心情の違いについて整理する。 5　「二つの沈黙」を「おれのなかに埋葬」するということはどういうことかを考える。 6　作品のテーマについて小レポートを書く。	・指名音読（2名） ・ワークシートに記入する。 ・記入した解答を数名が発言する。 ・重要表現に傍線を引く ・ノートに記入した後，数名が発言する。 ・配布された用紙に記入する（最大400字）。	・積極的に挙手をさせる ・ワークシート記入の間，同じ形式の書式を板書しておく。 ・5分程度の時間を取り，ノートに記入させる。 ・10分程度の時間を取る。 ●評価…小レポートが書けている。（書）	40分
まとめ	7　小レポートを回収し，次回の予告を行う。	・各列の後方から回収する。	・記入しきれなかった場合，放課後に提出とする。	5分

(3) 研究協議会での指摘と反省点

　授業後の研究協議会における先生方からの評価は概ね良好であった。W君の指導の意図は伝わっており，その方向性を支持する発言も多かった。しかし，同時に，以下にあげた諸点に問題ないし課題があることも指摘された。それらは，W君も自覚している納得のいくものであった。

　第一に，小レポートの設定がやや漠然としたものであり，また学習者の学力実態からすると高度であった。課題指示が，「この作品のテーマについて小レポートを書こう」とだけあり，口頭でも詳しい補足はなかった。前時限の第5段落の読解学習で，重要表現に焦点をあてた考察がなされており，また，そのことを振り返る内容を受けての課題指示であったが，両者のつながりがあまり見えず，読解したこととこれから書こうとすることとが断絶している感が否めなかった。また，学習者も書くことに慣れておらず，限られた時間のなかで取り組める者とそうでない者との差が大きかった。

　第二に，発言する学習者に偏りが見られた。細かな発問も多く，学習者の発言を促し，一方通行でない授業を心がけていた点は評価できるが，発言したり挙手したりする学習者は限られていた。結果として数名の学習者の理解度に沿った授業展開となった。また，小説の〈読み〉の授業においては沈黙のなかで豊穣な思考がなされている場合もある。普段あまり発言しない学習者に指名するなどして，学習者の授業参加の裾野を広げる必要があった。

　第三に，教師による解説がことば足らずであった。発問と応答，それらを受けての説明や補足，方向指示など，教師のことばは全体を統括する。とくに前の発問と次の発問のつながりが見えにくく，一問一答のやりとりだけで進行している場面も見られた。結果として，それらの応答がどこに向かっているのかが見えにくかった。学習者とコミュニケーションを図りながら，意図した学習活動を展開することは簡単ではないが，教室における一回性の応答の力についてはW君にとっての大きな課題であった。

　3週間の教育実習では，授業に慣れるのが精一杯で実践的力量をどれだけ伸

ばせるかは限界もある。しかし，この研究協議会での指摘はW君のみならず，単元や教材は異なっていても多くの実習生にあてはまる内容を含んでいるだろう。また，実習生にとどまらず，課題設定の適正化や，学習者とのコミュニケーションといった課題は，現役教師にとっても日々改善のために努力していることでもある。

　すなわち，これらの指摘された課題はこれから教師をめざすW君にとっては避けて通れないハードルであり，また自分自身を成長させていく糧でもある。

　そこで，改めて国語科における学習指導をどう考えるか，実践を支える理論の基盤を確認し，そのうえで次の実戦に向けた明確なビジョンを描けるようにしたい。

3．国語科教育の目標と構造

(1) 国語科の目標と任務

　一般的に，ことばの機能には以下のようなものがあると考えられている。

　第一に，コミュニケーション機能である。社会的な約束事としてのことばの主要な使命は，人と人との通じ合いにある。的確に相手の考えを理解し，適切に自己の意思を伝えるために，ことばは重要な役割を果たす。

　第二に，認識・思考の機能である。人はことばでものごとを認識し，思考を深める。ことばを獲得することは，人の世界認識・自己認識を生成・拡充していく。論理的思考や批判的思考もことばによって鍛えられる。忘れてはならないのは，こうした内言のはたらきに支えられてはじめてことばのコミュニケーション機能も十全なものになるということである。

　第三に，文化創造の機能である。ことばでものを考え，意思疎通する人は，ことばを武器に社会を築き，文化を生みだしてきた。ことばの豊かな使い手になることで，人は新たな文化創造に寄与することができる。

　これら，ことばの機能を体系的・系統的に学び，その能力を各人のうちにバランスよく開花させるために，国語科でことばを学ぶのである。すなわち，こ

れら言語能力の全面的発達を意図的計画的に伸長することが国語科の主要任務であるといえる。

　国語科をはじめ，各教科は各種法令を根拠に成り立っている。2008（平成20）年3月告示の学習指導要領では，中学校国語科の目標は以下のようになっている。

　　　国語を適切に表現し正確に理解する能力を育成し，伝え会う力を高めるとともに，思考力や想像力及び言語感覚を養い，国語に対する関心を深め国語を尊重する態度を育てる。

　この目標は従来のもの（第7次）を踏襲している。「伝え合う力」をキーワードに，国際化や情報化といった社会構造の変化に対応できる言語力の育成をねらったものである。

(2)　国語科の領域と構造

　また，今回の学習指導要領の改訂に伴い，国語科の領域は次のようになった。
　　「A 話すこと・聞くこと」「B 書くこと」「C 読むこと」

　以上の三つの領域に，〔伝統的な言語文化と国語の特質に関する事項〕を加えた，3領域1事項が新しい国語科を構成する。〔伝統的な言語文化と国語の特質に関する事項〕は，従来の〔言語事項〕に変わり，今回の改訂で新たに特設された「事項」であり，わが国の言語文化を享受し継承・発展させる態度を育てることや，国語が果たす役割や特質についてまとまった知識を身につけるとともに，実際の言語活動においても有機的にはたらくような能力を育てることが意図されている。

　国語科の教科内容は，わかりにくいといわれている。なぜだろうか。この領域構成も，教科内容を構成する分野を言語活動形態に即して便宜的に分けたものにすぎず，教科内容そのものではない。また，国語科の場合，教科書も教科内容とイコールではなく1つの教材にすぎない。たとえば，教科書に掲載されている物語文を使って話し合いの力をつけさせる学習指導を行う場合や，説明文を読んで作文トレーニングを行う場合を考えてみよう。そこで学ぶ内容は，

話し合いのルールや技能，順序性を意識した文章展開の仕方などである。あくまでも，普遍性をもった言語技能が学ぶべき教科内容であり，物語文や説明文はこの場合，活用すべき資料である。しかし一方，「読むこと」の学習指導では，たとえば物語文を読む学習の場合，場面や心情の読み方の技能と同時に，登場人物の行動の背後にある人間観・世界観を通して新たな認識や価値をも学ぶことになるのである。

このように，大きく分けて①教材で言語技能を学ぶ場合，②教材そのもののなかに内在する価値を学ぶ場合とがあるのが「読むこと」の教科内容なのである。国語科で〈ことばを学ぶ〉といった場合，それは人の言語活動と切り離すことができない。言語活動は，文字言語に限らず，音声言語の場合もあれば，思考や想像のように表面に現れない場合もある。こうした言語の営みの曖昧さや見えにくさと相まって，どのような言語の能力やことばを通した認識・態度の育成をねらった学習指導なのかが不透明になりやすいという点に，国語科の教科内容のわかりにくさの原因がある。

そうであれば，逆に学習のねらいと言語活動との関連を明確にした学習構想・単元構想が国語科ではなによりも大切だということになる。

また，全体のカリキュラムを構想する場合，少なくとも言語生活・言語体系・言語文化の三層を構造的に捉え，相互の連関を果たすバランスのとれたカリキュラムを構想する必要がある（湊，1979）。

4．「読むこと」の学習指導のポイント　―実践の展望をひらく―

(1)　教材研究における〈読み〉の精度

W君の実践は，小説教材の読解指導であった。学習者に，豊かに深く読ませるためには，前提として教師の教材研究における〈読み〉をしっかりと掘り下げる必要がある。しかしそのことは，教師の読み込んだ解釈をそのまま学習者に伝達するということではない。

含意性に富んだ文学教材の解釈を曖昧にしたまま授業を行うのではなく，自

己の〈読み〉を精緻化し深めておくことで，学習者の読み深めや効果的な学習の可能性を広げることになるからだ。教材研究における〈読み〉の精緻化は，学習者の読解過程を先行して体験する。どこに反応したり，どこでつまずいたり，どのような想像が広がるかを確認したりできる。多義的なテクストとして「ああも読めるしこうも読める」からといって自己の〈読み〉を放棄するのではなく，教師自身が可能性としての１つの〈読み〉を追究することが，結果的に多くの学習者の想像力を広げ，学習者個々の〈読み〉を成立させる要因となる。

「夏の葬列」の場合，学習者に課した「作品全体を振り返り，各自が考えるテーマについての小レポートを書く」という課題を，Ｗ君自身はどう書くのだろうか。少なくとも，自分ならこう考えるという点を明確にしておかなければならない。そうしたプロセスをたどっていれば，小レポートの課題提示はより具体性をもったものにすべきであったことに気づいたかもしれないのである。

(2) 学習者の反応

学習者がどのように作品を読んだか，どこに反応し何を読み落としたかは，授業のなかにそのヒントがある。

Ｗ君の指導計画では，まず１時限目に初発の感想を書かせていた。ここで，はじめの段階の学習者の読みがわかる。これをうまく活用したい。戦後の文学教育には，学習者の感想を活かした実践も多くある（太田，1987）。初発の感想を材料にしてその後の授業構想を練り直すのである。はじめに立てた授業構想は，あくまでも教師の教材研究からのみ導かれたものである。しかし，その場合，学習者の実態と教師の想定する解釈の幅や到達可能な水準とがずれる可能性がある。また，強引に授業を進めた場合，学習者が興味・関心を示さなくなったり，ついてこられなくなったりする。学習者の読みに依拠し，それらを生かしながら，さらに解釈の水準を引き上げていく授業構想を工夫したい。

また，授業中の発問や課題に対する学習者の回答・解答からも反応がわかる。とくに，教師が意図していた答えと異なる場合，学習者がなぜそう答えたのか

を考えよう。自己の実践を反省的に捉え直す材料が，なにげない学習者の一言やしぐさから得られる場合がある（武田，1992）。

(3) 言語活動の充実・工夫

W君の学習指導案の要は，「書くことによって読む」ことが志向されていた点にある。これは，「読む」ことを目的とした「書く」言語活動の手段化である。W君の学習指導案にあったように，「ただ漫然と考えるのではな」い授業方法として，単元計画における重要な場面での書かせる指導は効果的である。思考は目に見えない内的な働きだからこそ，目に見える具体的な活動として顕在化させるのである。

今次改訂の学習指導要領では，国語科のみならず全教科で「言語活動の充実」が主要な方針として掲げられている。あらゆる「思考力，判断力，表現力」の基盤には言語の力があるからである。教科というディシプリンに限定されることなく，すべての教育活動の根本に言語活動は関わっている。そこで，たとえば，体育でも「バレーボールのルールを下級生にわかるように説明してみよう」や「跳び箱をうまく跳ぶためのコツを話し合ってみよう」といった言語活動や，数学でも「学習したことをレポートでまとめ，新たな問題をつくり，自分なりに解決できるようにする」といった言語活動が重視されるようになった。

この背景には，PISA調査の結果がある。PISAの「読解力」は，必ずしも1つの正解にたどり着くものではなく，それぞれが根拠をもとに考え表現しなければならない。日本の生徒は択一式問題には答えられても，熟考し判断することばの力が十分身についていないということが浮き彫りになった。「知識基盤社会」に移行したといわれる現在，自分で考え自分のことばで表現する人間が求められている。

W君の試みは，小レポートをあくまでも作品を深く「読む」ための手段として位置づけていた。この点で理にかなったものであったといえる。しかし，その課題自体の具体性はどうであったか。とくに学習者の実態との関わりから

適切な内容であったかどうか,さらに工夫すべき余地があったのではないだろうか。
　　　　　　　　　　　　　　　　　　　　　　　　　　　（幸田国広）

> ワーク

1．W君の学習指導案における「書く」課題設定をより適切なものにするにはどうしたらよいだろうか。各自で考えたうえで話し合ってみよう。
2．各自の教壇実習を振り返り,学習指導案を改善したうえで模擬授業をしてみよう。

引用・参考文献

太田正夫『ひとりひとりを生かす文学教育』創樹社,1987年
武田常夫『イメージを育てる文学の授業』国土社,1992年
湊吉正「国語教育の構造」『教育学講座』第8巻,学習研究社,1979年
幸田国広『高等学校国語科の教科構造—戦後半世紀の展開—』渓水社,2011年
文部科学省『言語活動の充実に関する指導事例集』教育出版,2011年

2　社会・地歴科らしい授業をつくる
［地理歴史（中高等学校）］

1．社会科・地理歴史教育のめざすべきものとは

　社会科，とりわけ地理歴史の学習指導において，生徒にいかに実感をもたせ，分析的な学習に取り組ませることができるかは大きな課題である。それがなければ，教師側からの一方的な事実の提示と，それを学習者にたんに暗記させるだけの「詰めこみ」式の授業に堕することは明らかであるからである。地理教育においては，地図，統計資料や，写真などの実際の映像，関連書籍，および野外調査や，インターネット，音楽・音からも授業に関わる資料情報を収集し，またそれらを活用する技能を育成し，課題の把握から価値判断・意思決定・行動の一連の地理的スキルを培う授業実践のあり方が論じられ，そうした取り組みが進められている。また，そうした学習プロセスをふむために，「学習内容が現代世界を理解するという枠組みで終わるのではなく，将来にわたる変化という観点を強く持つべき」であることが検討されている（井田，2006）。

　一方，歴史教育においては，和歌森太郎が，歴史学習は「あくまでも，今日，これからのためのもの」であり，そのあるべき姿を「歴史を問題解決過程として端的にとらえさせる」ものとする認識を示したように（和歌森，1982），初期社会科においてその学習のあり方に強い期待感が寄せられたものの，現状における歴史教育の実際は，依然として，歴史学の成果を援用し，その知識理解を図ることに重点がおかれる傾向にあるといえる。近藤孝弘によれば，ドイツの歴史家マイアーは，「歴史教科書と語りの関係」について「歴史学の成果により忠実であることに価値を置く姿勢を『八〇年代の歴史教育学』」と断じつつ，「『語り』という視点から歴史教育を考えること，つまり歴史学と文学のあいだに存在してきた厳格な境界線を有意義に解体することの重要性」を強調している（近藤，2003）。日本において，また西欧においても，歴史学の成果を反映さ

せつつ学習主体の歴史意識を喚起するための歴史教育における新たな枠組みの構築が求められている。

　そうしたなかで，土屋武志は，歴史学習のあり方について，「『どれが真実か』ではなく，それがそのように『解釈』される論理や背景を理解する」ことを重視し，「複数存在する解釈に対して，知的に論理的に自分自身の解釈をおこなう能力を意図的に育成する必要がある」として，「歴史を『解釈』する解釈型歴史学習」のあり方を提起している（土屋，2011）。混迷する現今の社会状況にあって，通史的網羅的な従来の歴史学習から離れて，主題学習を主体とし，「事実」がどのように「歴史」化されたのか，あるいはされなかったのかを認識する「解釈型歴史学習」の手法を開発し，あらゆる事物に多様な見方があることを把握し，その解釈の方法を理解することは，歴史学習の枠組みのみならず，社会認識のあり方全体を把握することにおいておおいに意義があるといえる。作業学習や討論授業を通じて，生徒による主体的な歴史認識の獲得をめざすことは歴史教育の大きな眼目であり，また，それらの作業を通じて，過去の事実の歴史化の過程を解釈させ，歴史事実を客観的に見つめさせることは，歴史意識のみならず，社会全体のあり方を公正に判断する社会認識の形成において，おおいに有効な方策となってくるからである。なおかつ，それは，社会科教育全体の教育目標にも合致するものともいえる。

　本章では，こうした現状と課題をふまえて，主に歴史教育を題材としながら，教職課程における社会科・地理歴史の指導法について，その総括を行うこととする。とくに，教育実習における中学校社会（歴史分野）の実践例を素材とし，その取り組みを検討しつつ，社会科・地理歴史学習における効果的な指導のあり方について模索することとする。

2．教育実習における授業実践の検討

(1) 学習指導案とその準備

　Kさんは，教育実習で，中学校1年生の社会科，歴史分野の授業を担当し，

研究授業に向けて，次のような指導案を作成した。

社会科学習指導案

1．題材名　　　「聖徳太子の政治改革」
2．題材について
(1) 教材観　　中学校社会科歴史分野における学習指導要領の「(2)古代までの日本」では，「イ律令国家の確立に至るまでの過程，摂関政治などを通して，大陸の文物や制度を積極的に取り入れながら国家の仕組みが整えられ，その後，天皇や貴族の政治が展開したことを理解させる」とある。「律令国家の確立に至るまでの過程」については，聖徳太子の政治，大化の改新から律令国家の確立に至るまでの過程を，小学校での学習内容を活用して大きくとらえることを主なねらいとしている。

　　ここでは，蘇我氏と協力した聖徳太子が，仏教をよりどころにした天皇中心の中央集権国家を構築していったことに触れる。新しい国づくりのために聖徳太子はどのような制度を制定し，政治改革を行っていくのか生徒に考えさせる。また，東アジア，特に中国・朝鮮との関わりとその影響にも目を向けさせていきたい。加えて，飛鳥時代は聖徳太子が行った政治としての印象が強いが，日本初の女性天皇である推古天皇の下で行われた国づくりであったことを理解させる。

　　聖徳太子の新しい国づくりは，蘇我氏の力が強く，やがては天皇をしのぐほどの力を持つようになった。聖徳太子の理想とする天皇中心の国を作るための改革である大化の改新などにも本時の内容をつなげる。

(2) 生徒の実態（男子8名　女子13名　　計21名）

　　本学級の多くの生徒は，社会科歴史分野に興味関心が高く，明るい雰囲気で授業に前向きに取り組むことができている。しかし，授業中に積極的に反応や発言をする生徒は，一部に限られている。これまでの授業では土器などの実物教材の提示や市内に残る遺跡の紹介など，歴史を身近に感じさせる場面を作る学習を展開してきた。資料の提示は，授業内で最も生徒が興味関心を抱いている傾向がうかがえる。

　　授業に先だって，当該授業分野に関する予備調査を実施した。内容は下表の通りである。

　　聖徳太子については小学校で学習している内容であり，予備調査によれば，多くの生徒が政策などの項目を挙げることができている。しかし，政策の詳しい内容や「聖徳太子はどんな国を作ろうとしたか？」の質問になると，理解している生徒が少ないことがうかがえた。これをふまえて，本時では，

表　聖徳太子に関連する事柄に関する予備調査

(回答者数　21名)

1．歴史は好きですか？
　・好き（8人）　　・どちらかといえば好き（10人）
　・どちらでもない（1人）・どちらかといえば嫌い（2人）・嫌い（0人）
2．聖徳太子を知っているか？
　・知っている（20人）　・知らない（1人）
3．聖徳太子について知っていること（行った政策など）
　・一度に10人の話を聞き取れる　・十七条の憲法　・冠位十二階
　・位を作った　　　　　　・法隆寺建設　・隋に使いを送った
　・お札に載った人・名前だけ知っている
4．聖徳太子はどんな国を作ろうとしたか？
　・天皇中心の国（3人）・平和な世の中，平和な国（2人）
　・争いのない国（1人）
5．摂政という言葉を知っているか？
　・知っている（15人）　・知らない（6人）
6．推古天皇を知っているか？・知っている（2人）・知らない（19人）

聖徳太子が行った政策の内容を捉えさせた上で，聖徳太子が目指した国づくりはどのようなものか考えさせることに主眼を置くこととする。また，遣隋使を派遣するなど東アジアとの交流についても理解させていく。

(3)　指導観　　本題材では，導入段階で聖徳太子の行った政治やその人物に興味を持たせ，知っていることを発表させ，本時のねらいを明らかにする。聖徳太子が行った政策の内容として，冠位十二階，十七条の憲法，隋との交流，法隆寺の建立を挙げ，なぜこのような政策を行ったのかを調べさせ，資料を読みとらせることで政治の内容を理解させたい。

　その後，聖徳太子がどのような国づくりをしたのか，調べ学習から得た知識を基にグループで考えさせ，発表させることにより理解を深めさせる。

3．指導目標
○　題材の目標　　当時の日本や東アジアの情勢を背景に，聖徳太子が目指した天皇中心の中央集権国家について理解を深めることができる。
○　観点別目標
　①　社会的事象への関心・意欲・態度
　　　聖徳太子の政策について意欲的に調べ，グループの話し合いに積極的に参加できる。
　②　社会的な思考・判断
　　　聖徳太子が目指した国づくりについて，様々な政策を理解し，簡潔にまとめ，発表することができる。

③ 資料活用の技能・表現
  聖徳太子の政治の特色を適切な資料を選択し読取ることができる。
④ 社会的事象についての知識・理解
  東アジアとの交流が当時の日本の文化や政治に影響を与えたことを理解できる。

4. 単元全体指導計画（全7時間）

時	学習目標	観点①	観点②	観点③	観点④	学習活動・内容
1	東アジアとの交流を背景に聖徳太子が行った政治の内容や目指す国づくりについて考えることができる。	○	○			・中国の進んだ文化や制度を背景に、聖徳太子が進めた天皇中心の国づくりのあり方を考える。 ・隋との関係を通して確立された外交政策のあり方を理解する。
2	大化の改新を経て律令制度が整っていく時代背景を理解することができる。		○		○	・大化の改新によって、新しい政治の方針が示されたことを調べてまとめる。 ・律令国家建設が進められた時代背景を理解する。
3	大宝律令の制定や平城京造営を通して律令国家の仕組みを理解することができる。		○		○	・律令国家の仕組みについて調べてまとめる。 ・平城京の構造について理解するとともに、その造営の背景を考える。
4	貴族と農民の衣食住、農民の税負担などから奈良時代の人々の生活に関心を持つことができる。	○			○	・貴族と農民の衣食住を比較し、律令国家下での人々の暮らしを考える。 ・農民の重い税負担により律令体制が動揺したことを理解する。
5	唐文化の影響を受けた国際色豊かな天平文化について調べ、関心を持つことができる。	○			○	・天平文化の仏像や寺院について調べまとめる。 ・仏教の力で国家を守ろうとした聖武天皇の取り組みを理解する。
6	平安京遷都から摂関政治に至る過程で、律令国家の立て直しが行われた事実を理解することができる。	○	○			・平安京造営の意図を理解するとともに、桓武天皇の政策を調べ、まとめる。 ・遣唐使の停止により、文化の国風化が進んだことを認識する。
7	貴族による政治や文化の特色について捉え、貴族の勢力拡大の背景を理解することができる。		○		○	・藤原氏が勢力を強めていった背景を考える。 ・中国風から日本風の文化へと移り変わり、その日本風文化の特色を理解する。

※ 観点①～④は，前記，観点別目標の項目を示す。

5．本時の指導（1／7）
(1) ねらい　東アジアとの交流を背景に聖徳太子が行った政策の内容を理解し，どのような国づくりを目指していたのか考えることができる。
(2) 本時の計画

	学習内容	学習活動	指導上の留意点	時間
導入	1 聖徳太子の行った政治やその人物像に関心を持つとともに，本時の学習内容を理解する。	○「伝聖徳太子像」を確認し，聖徳太子について知っている事柄を発表する。	○旧1万円札を提示し，それが誰を描いたものか発問し，発表させる。 ○聖徳太子について知っている事柄を発表させる。発表内容として，主に以下の事柄を想定する。 ・一度に何人もの話を聞いた ・十七条の憲法 ・冠位十二階の制定 ・法隆寺建立	5分
展開	2 聖徳太子の行った政策の詳しい内容を理解する。	○聖徳太子の政策について教科書等を用いて調べる。以下の内容を確認する。 ・優秀な人材を登用するために冠位十二階を制定した。 ・憲法十七条で役人としての心構えを示した。 ・遣隋使を送り進んだ制度や文化を取り入れた。	○机間指導を行い，調べ学習が苦手な生徒に対し，参考にするページ等を示す。 ○聖徳太子の政策について，説明を加えながら確認させつつ，大陸の影響を受けた日本の仏教文化のあり方と，その導入を進めた聖徳太子の思惑について認識させる。	20分
展開	3 聖徳太子がどのような国を作ろうとしたのか，について，グループで話し合い，考えを発表する。	○聖徳太子がどのような国を作ろうとしたのか自分の考えをまとめる。 ○聖徳太子がどのような国を作ろうとしたのかについて，自分の意見をグループ内で発表し，それぞれの意見を1つにまとめ，代表生徒が全員の前で発表する。	○各グループで代表者を事前に決めておく。 ○各グループを見て話合いが円滑に進むように促す。 ○代表発表での的確な発表を補助する。内容では，主に以下の事柄を想定する。 ・仏教の力を利用した国づくり ・天皇中心の国づくり	15分
まとめ	4 聖徳太子が目指した国づくりを理解する。	○聖徳太子が，仏教を重要視し，冠位十二階や十七条の憲法をつくり，天皇中心の中央集権国家を目指したこと，遣隋使の派遣を通し，隋と対等な関係を築こうとしたことを理解する。	○十七条の憲法を読み，聖徳太子が目指した国づくりを認識させるとともに，遣隋使派遣の意義にも触れ，東アジアにおける日本の位置付けを明確化した聖徳太子の外交政策を理解させる。 ○聖徳太子の死後，太子が理想とした天皇中心の国づくりを進める政治改革の機運が高まったことにも触れる。	10分

(3) 評価の観点
・教師の発問・指示に積極的に応答している。(関心・意欲・態度)
・自らの意見を的確にまとめ，発表している。また，他者の意見を明確に聞き取り，解釈している。(発表する能力)
・授業素材に関するテーマの考察が，適切になされている。(論理的な思考)

(2) 授業の実際

教育実習の最終週，Kさん(以下，授業者と記す)は，当指導案をもとに研究授業を実施し，筆者も当該校の指導教員とともに授業を参観した。

授業者は，まず，野口英世・伊藤博文・紫式部・福沢諭吉の図像パネルを見せてその事績にふれながら，発問を通じて，紙幣に描かれた人物としての4人の共通点を見いださせつつ，本時で取り上げる聖徳太子に対する関心を高めさせた。その際，聖徳太子が描かれた旧1万円札の実物も持参し，生徒を沸かせる工夫もしている。続いて，聖徳太子の図像パネルを示しながら，聖徳太子について知っていることをあげさせ，生徒からの応答を受けて，「冠位十二階」「十七条の憲法」「法隆寺建立」「一度に何人もの話を聞いた」「仏教を広めた」といった項目をまとめた。つぎにそれを受けて，本時の主要なテーマともなる，「聖徳太子はどのような国を作ろうとしたのか」とする項目を板書し，それを色チョークで囲んで，本時の主題としての明確化を図った。その後，12分間にわたって，授業者が作成した，聖徳太子に関するプリントの空欄補充を，教科書・資料集を活用しながら各自で行わせ，関連項目の確認を行わせた。

続いて，本時の主題について，「自分で，『こういう国を目指した』というのをノートに書いてみましょう。今，調べたことを参考にして書いてみましょう」として，自ら主題に関して積極的に考察させる取り組みを行った。作業時間については，2分間で行うことを指示したが，生徒の様子を見ながら，4分間の時間を与えて，すべての生徒が記入したことを確認していた。その後，4人程度のグループを形成することを指示し，グループ内で自分の意見を発表し，それを1つの意見にまとめるグループ学習を行わせた。このとき，グループ作成

にあたって，授業者が「では，班をつくってください。はい」といって，手を叩くと，即座に生徒は机を移動させ，約20秒間で，グループ学習の態勢が取られた。生徒の迅速な行動に筆者は驚かされたが，これは授業者があらかじめクラスでグループ態勢づくりの練習をしていたためだといい，また，その後のグループ発表についても，その発表者は事前に決めさせていたという。その後，6分間の話し合いの時間でグループの意見をまとめさせ，あらかじめ裏面に磁石が貼りつけてあるグループ発表用紙を黒板に貼らせて，グループごとに意見を発表させた。5つのグループがそれぞれまとめた内容は，「仏教の力で平和で安心な国を作ろうとした」「仏教の力で平和な国を作ろうとした」「天皇を中心とした政治制度をもった国を作ろうとした」「天皇中心に仏教を広め，仏教の力で争いのない平和な国を作ろうとした」「天皇を中心とし，進んだ文化や仏教を取り入れた国にしようとした」というものであった。

　その後，十七条の憲法の内容を読み合わせながら，第一項から発表用紙の「平和」「安心」を，第二項から「仏教」を，第三項から「天皇」を授業者が丸で囲み，「みんな，キーワードがちゃんと入っていて，いいですね。グループで話し合った成果がちゃんと出ているんじゃないかと思います」として授業者が発表をまとめた。そして，それを「中学生らしく，ちょっとかっこいい言葉で，最後，まとめたいと思います」として，聖徳太子がめざした国づくりについて，「仏教国家」「天皇中心の中央集権国家」として2つの語句を板書し，赤枠で囲み，それをプリントに記入するように指示した。最後に「中央集権国家」について，それを聖徳太子が志向したものの蘇我氏らによって阻まれ，その後，聖徳太子の理想を実現する動きとしての政治改革が行われることとなるとして，次時の大化の改新につなげる内容にもふれて全体をまとめた。

(3) 授業の評価

　Kさんの研究授業は，実習指導教員の熱心な指導を受けたこともあり，教育実習生の授業としては，作成指導案のあり方や事前準備，授業展開まで，群を抜く秀逸した授業実践であったといえる。授業では，冒頭の図像や現物の提示

から，生徒自身による資料のまとめと考察，グループ学習とその発表と，生徒の授業素材への関心を常に引き付けつづけ，まとめまで誘導していっている。その過程では，前述したグループ編成の準備から教具の工夫まで，周到な準備がなされていた。生徒の発言も丁寧にくみ取り，それを授業に生かしていた。実は，実習前の模擬授業などでは，筆者にとって，Kさんはやや不安の残る学生であった。その高い能力から，授業研究や指導案の作成は万全になされているものの，日常のおとなしい性格によるものか，実際の授業になると，大きな声が出せないほか，板書の字も小さく，生徒役の学生たちに授業内容がうまく伝わらないことが多かった。授業の展開も，自分が用意した内容を無理に進めていこうとするところが目についた。ところが，実際の教育実習では，意を決したように大きな声と身ぶり手ぶりで授業を乗り切っていった。教育実習を通して学生が変化し，自らの力量を開花させる様子を，まざまざと見せつけられた思いのする，大きな成長ぶりであった。こうした教育実習の体験は，Kさんにとっても大きな自信となったにちがいない。

　一方で，すぐれた授業であったために，よりその精度を高めるための課題も目についた。第一に，資料素材の扱い方の課題があげられる。Kさんは，人物の図像パネルとして，聖徳太子，紫式部に加えて小野妹子のものも提示したが，太子信仰を反映させた聖徳太子像はもちろん，それらが実像であるか否かは明確ではない。一般に流布されている教具用パネルを用いたが，それらの図像が伝聞に拠るものであることは既に通説となっており，歴史資料の取り扱いとして，その点にはふれておく必要があった。第二に，人物の紹介がその説明のみに終始してしまったことがあげられる。記入語句に関連する部分で，小野妹子が提示されたが，そのときなされたのは人物説明だけであった。それを敷衍させて，対等外交を求めた遣隋使の性格についてふれるとともに，「小野妹子が持っていった国書を見て，隋の煬帝はすごく怒ったんだって。何でだと思う？」「この国書の内容を小野妹子が事前に知っていたとしたら，どんな気持ちだったと思う？」といった発問を展開すれば，東アジアにおける当時の外交の状況

とその渦中での聖徳太子の外交政策のあり方にふれることができたはずである。第三に，最も大きな課題として，グループ発表を行わせていながら，それらを比較し総合化する場がなかったことがあげられる。各グループの意見は，グループ態勢の解消後，授業者がまとめることとなったが，それを，グループを維持させ，「みんなが取り上げた言葉で，共通するものは何かな？グループで話し合ってみよう」と発問することで，グループ発表の内容を総合化させ，それを通じてまとめていくことができたはずである。Ｋさん自身，その後，当授業を振り返って，この展開部分が一番の反省点だったといい，このときの状況を「一気に自分と生徒との距離が離れたというか，ポカンと穴が開いた」「授業を進めづらくなった」「教室内の温度が下がった」と独特な表現で話してくれた。このとき，発表で各グループが共有した「仏教」「天皇」といった語句を生徒から引き出させ，それを受けて聖徳太子が理想とした国づくりのあり方を明示することができたはずであるが，結局，当授業では，全体の総括も，授業者が提示し，生徒がそれを受容するだけに終わってしまった。最後までグループを機能させ，考察を進めさせていければ，より生徒の認識は深められたと思われ，なおかつ，そうした用語を，豪族らへの心構えとしての十七条の憲法において確認させ，それらを明示することが必要とされた当時の現実的な社会状況はどのようなものであったか，とする考察点を引き出すこともできる。さらには，聖徳太子の実像には疑問の点も多く，そうしたいわゆる太子伝説は，『日本書紀』編纂時に律令国家の事情に合わせて形成され，後世においてそれが広がり太子信仰に連関されていくことも示せれば，通史的な事実とされる事柄は，実は一定の解釈のもとで形成されているということを実感させる手立てともなってくる。

　Ｋさんの授業は，その周到な準備や，積極的に生徒を関わらせた授業技法においておおいに評価するべきものがあるが，これら３つの課題について，さらに配慮がなされていれば，単に用語をまとめ，確認する歴史授業から，資料のあり方を検討し，その時代の人物の立場から歴史状況を概観し，なおかつ，一

定の価値観をもとにして歴史像がかたちづくられていることを実感させ，歴史事実を客観的に認識させる授業実践へと成りえたのではないかと考える。

3．歴史授業の理想と現実

　Kさんは，グループ学習を通じて，生徒の熱意に火をつけ，その興味関心を引きつけていったものの，授業者側が内容をまとめはじめ「生徒との距離が離れた」とき，生徒側の熱は急速に「下がった」。その微妙な瞬間をKさん自身も感じ取っていたわけで，中学校教師をめざすKさんにとって，この微妙な間，距離感を感じ取れたことは，この後の教育活動において，大きな財産となるにちがいない。一方で，実際には，Kさんのような生徒の興味関心を刺激する授業実践が行える教育実習生は稀で，実習生の行う授業の多くは，生徒からの反応は捗々しくないのが通例である。その授業は，生徒の多くにとって苦痛であり，場合によっては，実習後，担当教員が再度その授業内容をやり直すということも，よく聞く話である。多くの実習生の授業が「つまらない」理由は，次の２点に極言できる。まず，授業研究が不確かで，教科書の語句をただ説明し，羅列することだけに終始し，「ここは（試験のために）大事だから暗記するように」といった文言だけを繰り返すことがあげられる。つぎに，授業展開や説明が平板で，教科書に載っている事柄をただ黒板に板書するだけになっていることがあげられる。極端な例であれば，黒板に正対するばかりで，生徒側に向き直って話すことすらしない実習生もいる。実習生の多くは，教科指導法において，どれだけ社会科成立の経緯を学び，作業学習の効用を体得し，それに関する模擬授業の実践演習を経ていながらも，実際の授業実習においては，「つまらない」授業に終始することとなる。実習生に話を聞くと，「生徒に発問するのは怖い」という者が多い。自らの想定外の発言があるとそれに的確に対応できず，発言してくれない場合は逆にその対応に苦慮してしまうという。その結果，「自分のペースを崩されたくない」として，生徒の状況を何ら省みることなく，教科書の内容を，単に語句を羅列しながら話しつづけ，聞いている側の

生徒を混乱に陥らせていくのである。こうした極端な状況は，教育実習においてとりわけ顕著なものとも思われるが，そうした実習生の授業姿勢は，実は学校現場の社会科授業のあり方そのものを反映したものとなっているとはいえないだろうか。

　教育実習の体験として，ある学生が話していた事柄が興味深い。その学生は，たとえば高校世界史「大航海時代」を素材とした模擬授業では，胡椒を持参し，胡椒をめぐる動向がこの時代における重要な事柄であったことなどをアクションを交えながら授業化し，的確な説明で充実した授業を展開することができていた。グループ学習を取り入れるなど授業展開の工夫もなされ，授業後には，教育実習本番が楽しみであるといったことも話していた。ところが，教育実習では，正に語句を羅列するだけの授業展開しかできていなかった。当該授業を見学し，やや落胆した筆者がその理由を聞くと「大学の模擬授業では作業学習など，いろいろと取り組んできたが，実際の学校では先生方はそうした授業を行っていない。そんななかで，実習生の自分が作業学習などできない」と話した。当該学生に限らず，教育実習を体験した学生には，同様な思いをもつ者も多い。

　教育実習生が学校現場で抱いた違和感は，実は教科教育のいう理想の授業法と現場教員の現実の授業をめぐる意識との乖離を見せつけるものであったともいえる。多くの教員にも，生徒を主体とし，自ら歴史認識を獲得させる歴史授業を志向する意欲はある。しかしながら，暗記中心の入学試験が横行するなか，授業進度の確保に追われ，生徒に歴史用語の理解を強いる授業に終始せざるをえないのが実情といえる。そうしたなか，原点に立ち返り，その理想的なあり方を追及するきっかけとなるものに，教育実習の指導がある。Ｋさんの事例において，実習指導教員は自らの授業ではグループ学習を実施したことはほとんどなかったという。それを，Ｋさんの授業プランの提示を受けて，その効果的な指導について熟考しつつ助言し，指導案をともに練り上げていった。いわば指導教員とＫさんとの協働で確立させたのが前述の授業であった。このとき，

実習生から生徒主体の授業プランが示されたことを受けて，指導教員はそれに共感するとともに，実習生による，理想ではありながら授業化のむずかしい内容を現実の授業に引き付ける指導がなされたわけである。教職課程において教科教育を学ぶ学生には，その最新の指導法を体得し，現場教員の期待に応えるためのさらなる努力が必要とされ，同時にそれは現場教員に刺激を与えるものとならなくてはならない。それはまた，指導教員としての現場教員に教科指導の理想の原点に立ち返らせる契機ともなってくる。教育実習生は，教科教育の理想と現実とをつなぐ，橋渡しの役割を果たすことが期待される一面も担っているのである。

　ところで，日米における小学校教師の歴史授業について論じた渡辺雅子によれば，「歴史授業では両国ともに『何が／を（what）』のカテゴリーの質問が最も多」く，次に多かった質問として，「米国では原因の特定を求める『なぜ（why）』であったのに対して，日本では出来事の展開や当時の状況，歴史上の人物の気持ちを問う『どのように（how）』という質問であった」という。日本の教師が歴史授業の評価において重視する事柄は「学習する内容に対する共感的な感想や感情表現」であり，それに対して米国の教師が求めるのは，「分析する能力（analysis）」であるという（渡辺，2003）。これまでの歴史学習における題材は，必ずしも児童生徒の実感に沿うものではなく，学習者は歴史的関心をもちえないことが多かった。その一方で，教師は，歴史事実や歴史上の人物の動向をいわば「伝達」し，それを受けた生徒に，「はじめて知った」「驚いた」とか，「共感した」「感激した」とする感想をもたせることで満足していた傾向がある。その事柄をもって歴史意識が高まったとし，それはさておき，あとは歴史語句を問う試験で評価し，事実の暗記を強いてきた。分析的な考察を経ない学習者の歴史理解は，一過性のものでしかなく，その認識が永続的なものとは到底なりえない。社会科・地理歴史学習において，授業素材に，より実感をもたせ，分析的な思考判断を求める学習のあり方を追及していくことが大きな課題となっているが，それは，歴史教育のみならず社会科教育全般におい

て，その理想を実現させるためのおおいなる道程として位置づけることができる。そこにおいて，それらを体得し，最新の教育知識を身につけた「若き教師たち」の果たすべき役割は大きいものがあるといえるのである。（須賀忠芳）

ワーク

1. Kさんの授業実践について，各自の経験した教壇実習と比較しながら，そのすぐれている点や課題となる点について考えてみよう。
2. 歴史事実を客観的に認識させるための授業づくりに取り組み，模擬授業をしてみよう。

引用・参考文献

和歌森太郎「歴史教育の使命」『和歌森太郎著作集』13巻，弘文堂，1982年
近藤孝弘「ヨーロッパの国際歴史教科書研究と語り」渡辺雅子編著『叙述のスタイルと歴史教育―教授法と教科書の国際比較』三元社，2003年
渡辺雅子「歴史の教授法と説明のスタイル　日米小学校の授業比較から」同上書
井田仁康「社会科における地理的技能の育成」日本社会科教育学会出版プロジェクト編『新時代を拓く社会科の挑戦』第一学習社，2006年
土屋武志『解釈型歴史学習のすすめ』梓出版社，2011年

3 社会・公民科らしい授業をつくる

[公民（中高等学校）]

1．社会（公民）科教育のいま

(1) 生徒にとっての社会（公民）科

まず，図3.1を見ていただきたい。「あなたは，次の教科や学習の時間の勉強がどのくらい好きですか」。こう質問された高校生（普通科第2学年）の回答結果である。

公民科を「とても好き」「まあ好き」と答えた高校生の割合は25.8％，すべての教科（「総合的な学習の時間」を含む）のなかで，最も低い。地歴科は42.5％，約17ポイントの差である。

この調査には，「学校の授業をどのくらい理解していますか（わかっていますか）」との問いもあった。公民科の授業を「ほとんどわかっている」「70％くら

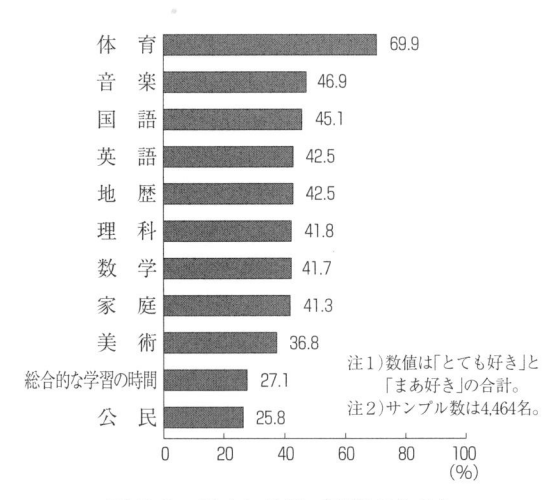

教科	％
体育	69.9
音楽	46.9
国語	45.1
英語	42.5
地歴	42.5
理科	41.8
数学	41.7
家庭	41.3
美術	36.8
総合的な学習の時間	27.1
公民	25.8

注1）数値は「とても好き」と「まあ好き」の合計。
注2）サンプル数は4,464名。

図3.1　好きな教科（高校2年生）
出所：『第4回学習基本調査報告書（高校生版）』ベネッセコーポレーション，2007年

いわかっている」と回答した生徒は24.6%，国・地歴・公民・数・理・英6教科のなかで，最低である（国語が47.2%で最高）。4人に1人しか，公民科の授業内容を理解していないのである。ちなみに，地歴科の授業内容を「理解している」と回答したのは38.2%，公民科との間には14ポイントほどの差がある。

中学生の「教科等の好き嫌い」については，文部科学省が調べている（「義務教育に関する意識調査」2005年）。これによれば，中学生で社会科を「とても好き」「まあ好き」と回答したのは，1年生が53.2%，2年生が46.5%，これが3年生になると37.9%まで低下する。中学校1・2年生が学んでいるのは地理的分野と歴史的分野，3年生は公民的分野である。地理・歴史から公民の学習になると，「好き」が減る。「好きこそものの上手なれ」という言葉があるように，「好きなればこそ，飽きずに努力するから，遂にその道の上手となる」（『広辞苑』岩波書店）可能性があるのに，なぜ公民（中学校社会科公民的分野，高等学校公民科）は，生徒に好かれないのか。

学習内容の問題なのか，指導法の問題か，それとも，生徒に学習の必要性を実感させられないことが問題なのか。いずれにせよ，社会（公民）科は，「平和で民主的な国家・社会の有為な形成者として必要な公民としての資質を養う」という崇高な理念を掲げた教科である。社会（公民）科「好き」の多寡は，日本の民主主義の将来に関わる。さて，どうしたらよいのか。

(2) 今次学習指導要領改訂と社会（公民）科

2008（平成20）年3月に中学校，2009（平成21）年には高等学校の新しい学習指導要領が公示された。「確かな学力」を定着させるため，授業時間数を増やし，学習内容の充実を図ったことなどが，新しい学習指導要領の特徴とされるが，社会（公民）科にとっては，2006（平成18）年の教育基本法改正後，はじめての学習指導要領改訂であることに注目したい。

新しい教育基本法は，「教育の目的」を規定した第1条のあとに，第2条で「教育の目標」を定めた。「三　正義と責任，男女の平等，自他の敬愛と協力を重んずるとともに，公共の精神に基づき，主体的に社会の形成に参画し，その

発展に寄与する態度を養うこと」「四 生命を尊び,自然を大切にし,環境の保全に寄与する態度を養うこと」「五 伝統と文化を尊重し,それらをはぐくんできた我が国と郷土を愛するとともに,他国を尊重し,国際社会の平和と発展に寄与する態度を養うこと」などの事項がこれに含まれる。また,同第15条では,「宗教に関する一般的な教養」が「教育上尊重されなければならない」と規定された。

ここで「教育の目標」,あるいは,教育上尊重すべき事項として示された内容は,学校教育だけでなく,教育全体の課題として取り組むべきことである。当然,社会(公民)科だけで,その目標を達成することはできない。しかし,これらが,社会(公民)科の学習内容と直接的に関わることも確かである。

このことから,文部科学省「中学校学習指導要領解説 社会編」(2008年9月)は,「中学校社会科の改訂に当たっての基本的な方針」として「基礎的・基本的な知識,概念や技能の習得」「言語活動の充実」とともに,「社会参画,伝統や文化,宗教に関する学習の充実」を示した。なかでも,社会参画については,「社会科学習の究極の目標である,公民的資質の育成と密接にかかわるものである」と説明している。

社会(公民)科は,生徒に科学的な社会認識を形成し,それを通して市民として生活するための資質(公民的資質)を育てることを目的とする教科である。教室での学習を教室内で自己完結させることなく,社会への参画という課題にどうつなげていくのか,この点に関わる検討こそが授業づくりには不可欠である[1]。

2. 社会科教師の授業実践力

「社会(公民)科好きを増やすのも,減らすのも,教師しだいである」と考える人は多いだろう。これが100％正しいかどうかはともかく,「社会科の好き嫌い」に教師という要因が関係することはまちがいない。

それでは,どのような教師なら,「社会(公民)科好き」を増やせるのか。

ここでは,「生徒に『確かな学力』を形成できる教師は,社会科好きを増やせる」と仮定し,社会科教師の授業実践力について検討したい。
　「確かな学力」については,2003（平成15）年に出された中央教育審議会の答申（「初等中等教育における当面の教育課程及び指導の充実・改善方策について」）が,「知識や技能に加え,思考力・判断力・表現力などまでを含むもので,学ぶ意欲を重視した,これからの子どもたちに求められる学力」のことであると説明した。いわゆる「生きる力」は,「確かな学力」「豊かな人間性」「健康・体力」の3つの要素から構成されるという。
　文部科学省によれば,「各学校では,子どもたち一人一人に応じて指導するなど『わかる授業』を行い,『確かな学力』を育むことができるように努めてい」るという。「確かな学力」の前提になっているのは,「わかる授業」の実践である。
　それでは,「わかる授業」とはどのようなものか。いうまでもない,「わかる授業」とは,生徒が「わかった」と実感できる授業のことである。
　そもそも授業は,生徒の変化（「よい」方向への変化）を期待して行われる。「わからない→わかる」「できない→できる」「解けない→解ける」などの変化である（指導案の「本時のねらい」には,めざす変化の方向が記述されている）。これらの変化を実感できる授業なら楽しい。授業を好きになる。
　この「わかる授業」をつくり出せる力こそ,教師の授業実践力（授業力）である。社会（公民）科の授業実践力は,①指導内容についての幅広い知識,②教材開発能力,③授業構成・授業展開力,④評価力の要素から構成されているという（工藤,2005年）。
　①　**指導内容についての幅広い知識**　授業で扱う内容について,十全な理解をしていることは,授業実践の大前提である。英語を教える教師が,英文法を知らないのでは話にならない。ところが,社会（公民）科の場合,この点がまず困難である。何しろ,公民領域の親学問は,政治学,経済学,法学,倫理学,哲学,心理学など多岐にわたる。これらすべてに精通するのは,困難であ

る。したがって，教育実習などでは，「教科書＋用語集」程度の知識（理解）レベルで授業されていることがしばしばあるが，これではまずい。教える内容について授業者自身が学問レベルで十分に理解できていること，これは授業実践力のイロハのイである。

　②　**教材開発能力**　　指導する内容を理解していれば，それだけで授業できるわけではない。教科目標を実現するために「何を」教えるのか，指導内容を選択・精選するとともに，生徒の発達特性などを考慮しながら，教材を開発していける力が求められる。よい教材は，身近で具体性があり，授業で身につけさせたい「見方や考え方」を効果的に導き出せる事例（事物）である。また，生徒の興味関心を喚起する，意外性も求められる。

　③　**授業構成・授業展開力**　　生徒の興味関心を引き出す導入教材を用意し，彼らの既有知識をふまえた発問から授業の中心的な課題を明確にする。準備した諸資料を活用して課題を追究させ，今日，この授業で身につけさせたい「見方や考え方」をすべての生徒に定着させる。導入から，展開，まとめへ，授業全体の流れ（ストーリー）を見通し，生徒と適切なコミュニケーションをとりながら臨機応変に授業を展開する力，まさに授業実践の中心となる力である。

　④　**評価力**　　上述の①②がPlan（計画）に求められる力，③がDo（実行）に関わる力であるとすれば，次はCheck（評価）する力である。学習指導要領の目標・内容に基づいて評価規準を作成，4観点（「関心・意欲・態度」「思考・判断・表現」「技能」「知識・理解」）に適合した評価方法を工夫し，評価活動の結果として得られた資料を解釈するなどの力が求められている。当然，評価結果は次の学習指導の改善に活かされなければならない。すなわち，Act（改善）する力である。

　社会科の授業実践力は，教員養成の段階（大学学部での教育）だけでただちに身につけられるものではない。教師として採用され，実践を積み重ねるなかで，あるいは校内・校外における各種の研修会などに参加することによって，自らの意思で身につけていくものである[2]。自分の授業を積極的に公開し，同

僚などからの批判を受ける（同僚と学びあう）ことも，実践力の向上に効果的である。

3．教育実習における授業実践の検討

教員免許状の取得をめざす学生にとって，教育実習は最大のイベントである。「実習期間中が大学生活のなかで，いちばん勉強した」と感想を述べる学生は多い。教職への意欲をいっそう高める機会になる一方，「自分は教師に向かない」と見切りをつけるきっかけになることもある。いずれにせよ，教員免許状取得のために大学で学んできた成果を発揮する場であるとともに，自分の将来の生き方（職業選択）を再考する場にもなったのではないか。

教育実習期間中，最も多くの時間を費やしたのが授業準備であろう。師範授業の参観，教材研究，指導案の作成，指導教員からの指導（「ダメ出し」），指導案のつくり直し，実習授業の実践，授業後の検討（反省）会などを繰り返すうちに，実習期間はあれよあれよと過ぎていくことになる。

(1) 教育実習生Aさんが書いた指導案

ブランコに乗った経験がいくらあっても，「振り子」の学習にはならない。学習の基礎に経験は必要ではあるが，経験だけでは学習にならないということである。同じように，教育実習で授業を経験しても，それだけで授業実践力を身につけることは困難である。

そこで，ここでは教育実習生Aさんが実際に書いた指導案[3]を素材に，自分自身の教育実習経験を振り返ってみよう。ベテラン教師のすぐれた指導案（授業の実際）を見せていただくのも勉強になるが，自分と同じ立場（レベル）の人が書いた指導案から学べることも多い。

高等学校公民科(「現代社会」)学習指導案

1．授業日時：平成24年6月29日(金)第4時限
2．授業学級：C高等学校第3学年1組
3．生徒の実態：(略)
4．指導教材：(略)
5．単元名：現代の国際政治
6．単元の目標：現代の国際社会の特徴について，主権，国際法，勢力均衡，集団安全保障などの考え方から理解させる。また，第二次世界大戦後の国際政治の動向について概略を理解させるとともに，国際連合などの国際的な組織が平和の実現などに果たしている役割に気づかせる。
7．指導計画(合計4時間)：
   1) 国際関係の成立と国際法・勢力均衡。国際連盟という平和維持機構(本時)
   2) 国際連合の組織と課題
   3) 国際政治の動向と課題Ⅰ—第二次世界大戦の終結と冷戦—
   4) 国際政治の動向と課題Ⅱ—冷戦後の国際政治—
8．本時の目標：本時は，まず国際社会とは何かを国家の三要素から発展させて考えさせ，国際社会のなかで人々がどのように平和を維持しようとしてきたか，国際法，勢力均衡，集団安全保障である国際連盟の順に歴史的流れとともに把握させる。
   1) 国家の三要素のうち，主権(国家の独立性)から国際社会の基本単位が主権国家であることを学ばせる。
   2) 主権国家が基本単位となる国際社会で生まれた国際法について学ばせる。
   3) 国際法では補いきれずに生まれた勢力均衡について学ばせる。
   4) 勢力均衡の後に生まれた，集団安全保障という考え方をもとに作られた国際連盟について学ばせる。
9．本時の展開：

段階	学習内容	学習活動	指導・助言・指導上の注意	時間
導入	・今日の見通しを立てる。	・平和維持の努力としての全体像を学ばせる。	・今回のものは見通しが立てづらいため，最初に国際社会の項目はすべて平和維持のための人々の努力の過程であることを理解させる。歴史の流れとして，まず要点だけを板書しておく。 ・この主権国家が基本単位となって構成される社会を国際社会という(主権国家，国際法，勢力均衡，集団安全保障)。	5分

展開	・主権国家から考える国際社会	・国家の三要素のうち主権（最高独立性）を認め合ったウェストファリア条約を学ばせる。	・宗教戦争である三十年戦争に疲れ果てたヨーロッパは、その締結条約としてウェストファリア条約を結び、最高独立性を持った主権国家を確立、対外的に侵略されないようにした。	8分
		・国際社会におけるルールである国際法を作ったことを学ばせる。	・国際社会においても、国内社会と同じようにルール（法）を作ることになり、それが国際法であること。 ・国際法を考案したのはグロチウスで、『戦争と平和の法』で提示される。これにより、国際法の父と呼ばれる。 ・ウェストファリア条約までの成文化されていないルール、不文国際法が国際慣習法として普及したこと。 ・国際社会にヨーロッパ以外の国が参入するようになってきて、成文国際法（条約）が作られた。これにより調印、批准した国を拘束できるようになった。	10分
	・国際社会の中で生まれた国際法と裁判所	・国際法で裁く組織が作られたことを学ばせる。	・国際法に基づいて紛争を裁く組織も必要になった。それが国際司法裁判所だ。 ・ところが判決は当事国を拘束するものの、強制管轄権がなかった。 ・この国際法は強制力が無く、弱かった。	10分
	・勢力均衡	・実質的手段として出てきた勢力均衡について学ばせる。	・国際法を作ったはいいが、裁判所の力が弱すぎたために機能しなかった。その代わりに出てきたのが軍事同盟だ。軍事同盟を組んで、勢力を拮抗させれば戦争は起こらないだろうと考えた。 ・図を書いて勢力均衡を説明する。 ・ところが、この勢力均衡、まず敵対しているために不信感がある上に、軍事拡張が止まらなかった。	14分
	・集団安全保障体制	・実質的で平和を維持できる方法として出てきた国際連盟について学ばせる。	・自分の側が優勢になれば、すぐにでも侵略行為をとることになった（これが、第一次世界大戦）。 ・三十年戦争が嫌で主権国家、国際法、勢力均衡と対策をうったが、結局悲惨な戦争が起こった。そのため平和維持機構を発案した人たちがいた。それが、サン＝ピエール『永久平和論』とカント『永久平和のために』である。 ・ある国が、ある国を侵略したら、その他の国で制裁するという機構を図で説明する。この機構を実現しようとしたのが、米大統領ウィルソンだ。彼は「平和原則14カ条」を発表し、国際連盟設立を訴えた。	

			・そこで 1920 年国際連盟が設立された。本部はスイスのジュネーブ。これは理想的な組織だと思われた。 ・ところが，この国際連盟にはいくつかの欠点があった。そのために，第二次世界大戦を防ぎきれなかった。 ・一つ目が大国不参加。アメリカ，ドイツ，日本，イタリア，ソ連が不参加となった。 ・二つ目が全会一致の原則。 ・三つ目が軍事制裁は出来ず，経済制裁のみであること。勧告しかできず，実質的な制裁はできなかった。 ・この国際連盟が存続するなか，第二次世界大戦が勃発。そこで国際連盟は機能停止になってしまう。	
まとめ	・今日やったことに触れて，次回の予告	・今日の学習内容をおおまかにまとめさせる。 ・次回の予定を述べる。	・主権国家，勢力均衡，集団安全保障，国際連盟についてふれる。 ・次回は，国際連盟の改良版である国際連合について学ぶ。	3分

(2) 教育実習生の指導案から学ぶ

　Aさんの教育実習は，母校で行われた。指導のB先生は，Aさん自身が高校生だったときに教わったことのある方である。

　この指導案の授業について，Aさんは次のように感想を述べた。「たとえば，意思決定方式が全会一致であったことが国際連盟の欠点の１つであったことについては，次のような説明をした。『このクラスで海外旅行に行くとする。どこに行きたいかな？　行きたいところは，みんないろいろだよね。みんなの意見が一致しなければ，海外旅行には行けないというのが全会一致の原則だ。これでは，迅速な判断はできない』。このように説明を工夫することで，生徒の理解をうながそうとした。でも，私が話すことばかり多くなって，生徒の発言を引き出しながら授業することはできなかった」。

　B先生からは，主に次の３点の指摘があったという。

　まず第一に，導入の工夫がほしいという点である。国際政治の学習は，そうでなくても，生徒の日常から遠い世界の話になりがちである。たしかに多くの教科書は，ウェストファリア条約から主権国家をアクターとする国際社会の成

立を説明している。しかし，それをそのまま授業で展開したら，生徒の学習意欲は喚起できない。

　第二に，授業内容が「あれもこれも」になっていて，今日の授業のポイントが絞り切れていないという点である。たしかに，国際社会の基本的な特徴についてはいろいろ説明されているが，生徒に「それで，今日の授業は何だったの？」とたずねたとき，彼らはきちんと答えられるだろうかということである。

　第三に，「どうなっているか」の説明はあるが，「なぜそうなっているのか」を問う姿勢に乏しい点である。たとえば，国際司法裁判所における裁判では，紛争当事国双方の合意がなければ裁判を開始できない。この点については，授業中に言及がある。しかし，「それはなぜなのか」を追究しなければ，国際社会の特徴は見えてこない。社会（公民）科は，社会科学の成果を基礎に学習する教科である。科学にとっては，「なぜ」を問うことが使命である。

　さて，皆さんなら，Aさんの指導案に，どのような意見・感想を述べるであろうか。

4．社会（公民）科らしい授業を

　Aさんが授業した「現代の国際政治」のような単元とは異なり，たとえば，「消費者に関する問題」（高校公民科「現代社会」「政治・経済」）は他教科（技術・家庭科，家庭科）でも授業されている。教科書の記述を比べても，社会（公民）科と家庭科では学習する中身にほとんどちがいはない。

　それでは，社会（公民）科で消費者問題を取り上げるときと，家庭科で授業するときでは，何が，どうちがわなければいけないのか[4]。授業をつくるにあたって検討しなければならないのは，「他教科（あるいは，道徳や総合的な学習の時間）ではなく，社会（公民）科の授業でなければできないことは何か」「社会（公民）科らしい授業とはどのようなものか」についてである。

　授業時間は限られている。社会（公民）科の授業でやるべきこと（やれること）と，他教科でやるべきことは，明確に区別すべきである。　　　　　（栗原　久）

ワーク

1. 社会（公民）科好きを増やすにはどうしたらよいか，議論してみよう。
2. Aさんの指導案について，改善すべき点をあげてみよう。また，改善点として指摘されたことを取り入れた指導案を書いてみよう。
3. 環境問題を社会（公民）科で授業するときと，総合的な学習の時間で取り上げるときには，何が，どのようにちがわなければならないか議論してみよう。

注
1) 「社会（公民）科は暗記教科である」と批判されることが多い。おそらく，社会科嫌いをつくり出している一因も，この点であろう。しかし，英語であろうと，体育であろうと，およそ学習には暗記（記憶）が欠かせない。問題は，記憶した内容を活用できる場面があるかどうかである。「この単元の授業で学んだ知識は，将来，子どもたちが社会へ参画する際に，どのように活用できるのか」。教材研究の際には，この点について慎重に検討したい。
2) 授業実践力を身につけるのに，経験は欠かせない。しかし，経験を積めば実践力が自然に身につくわけではない。授業実践力を高めたい，という強い意欲がなければだめである。
3) ここで紹介する指導案は，「教育実習事前・事後指導」の授業（2012年度）で提出されたものである。紙幅の都合で，一部を省略，改変している。
4) 中学校では，社会科公民的分野でも技術・家庭科家庭分野でも，クーリング・オフ制度が学ばれている。たしかに「消費者の保護」（公民的分野）という観点からは，この制度の概要を学ばせる必要はあるのかもしれない。しかし，社会科の授業では，「われわれの社会では契約の自由が原則であり，いったん契約を結べば当事者にはこれを守る義務が生じること」「クーリング・オフはこの原則の例外であること」を学ばせることのほうが重要である。

引用・参考文献

工藤文三編集『学力を育てる"教師力"の向上』教育開発研究所，2005年
『第4回学習基本調査報告書（高校生版）』ベネッセコーポレーション，2007年
栗原久編著『中学校定番教材の活用術　公民』東京法令出版，2010年

4 理数教育にすぐれた教師になるために

[理科（小学校）]

1．小学校のおける「理科」授業の課題

　小学校においては，基本的にはすべての教科を学級担任が担当することが前提とされている。東京都など都市部における小学校では音楽および図工を専科教員が担当している。また，一部の学校では「理科専科」を配置している事実もあるが，この理科専科については，「必ずしも理科教育の専門性に特化した教員」でないものが，担当している実態もある。言い換えれば，理科以外の担当ができない事情のあるなかで高学年の理科をもっぱら担当しているということもある。

　つまり，小学校の教員になれば，かなりの確率で「理科」を指導することが求められる。もし，理科の教科のない1学年，2学年の担任となったとしても，「生活科」は科学的な認識の基礎を養うことをめざして学習指導要領が改訂されたという経過もあり，教師の科学教育リテラシーや生活科との関連を考慮し，ものづくりなどの科学的な体験や身近な自然を対象とした自然体験の充実が求められている。

　一方，国立教育政策研究所などの調査では，小学校教員の理科離れが指摘されている。児童生徒の理科離れではなく，教師の理科離れというべきであるというのは，実はかなり以前からいわれていたことである。

　その調査[1]によれば，小学校の教員は理科が好きであるが，教えるのは苦手であるということになる。小学校で学級担任として理科を教える教員の約9割が理科全般の内容について「好き」と感じていて，授業では教科書にある単元の主要な実験は行っているとする教員が半数を超えている。

　しかし図4.1のグラフのように，学級担任の約5割は，理科の指導を「苦手」または「やや苦手」と感じている。また，約7割は理科の指導法についての知

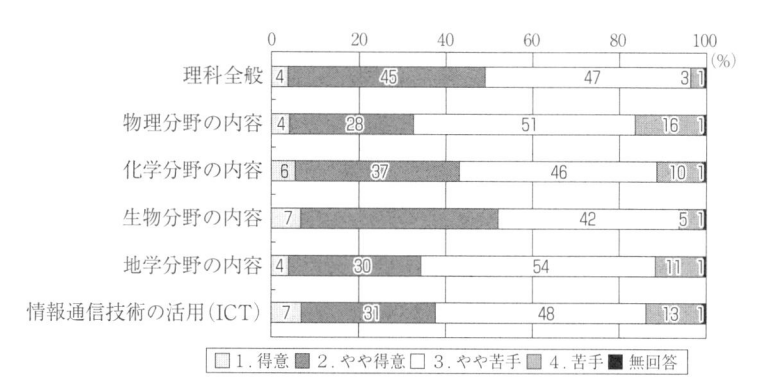

図4.1 理科の指導の得意・苦手（学級担任・一般）

識・技能が「低い」または「やや低い」と感じている。さらに，注目すべきことは小学校の学級担任の4割以上が理科の指導法についての知識・技能を大学時代にもっと学んでおいたほうがよかったと答えている。

そこで，大学における教科教育法や専門教科としての理科教育に期待がよせられていることがわかる。本章では，これまでの4年間の小学校理科専門の教科などの学びの軌跡を振り返り，理数教育にすぐれた教師をめざすための手がかりをつかむこととする。

2．小学校理科の目標と内容

(1) 小学校理科の目標

小学校理科の目標は，ほぼ10年に一度改訂される学習指導要領によって規程され，向こう10年間に適応される。2008（平成20）年版の改訂の趣旨は，科学的に調べる能力や態度を育てるとともに，科学的な認識の定着を図り，科学的な見方や考え方を養うことができるよう改善を図ることをその第一にあげ，理科の学習において，論理的な思考力を育てる基盤として基礎的・基本的な知識・技能が重要であることを強調している。

そのためには，科学的な概念の理解など基礎的・基本的な知識・技能の確実

な定着を図る観点から，以下にあげるように小学校理科の内容を「エネルギー」「粒子」「生命」「地球」などの科学の基本的な見方や概念を柱として，構造化を図る方向で改訂された。とくに，理科教育の「学力」調査の動向とその結果の分析から児童生徒が理科を学ぶことの意義や有用性を実感する機会をもたせ，科学への関心を高めるさせるために，実社会・実生活との関連を重視する内容を充実する方向で改善が図られた。

さらに，「持続可能な開発のための教育」(ESD：Education for Sustainable Development)[2] を進めるわが国の重要課題である持続可能な社会の構築が求められている状況に鑑み，理科においても，環境教育の充実が重要であることを図る方向で改善された背景がある。

小学校理科の目標は，「自然に親しみ，見通しをもって観察，実験などを行い，問題解決の能力と自然を愛する心情を育てるとともに，自然の事物・現象についての実感を伴った理解を図り，科学的な見方や考え方を養う」とされているが，児童の学習の過程に沿って表記されていて，各学年，各単元の具体的な目標設定の典型とされている。

「自然に親しみ」とは，いわゆるネイチャーとしての生物や地学だけではなく現象としての自然（物理，科学現象なあど）も含めてであるが，まず直に接して親しむことがなにより重要であるとしている（なお，この「親しむ」や「自然を愛する」などという文言が科学（サイエンス）の教科目標にあるのは「日本型理科」の特徴の1つであり，科学ではなく理科である所以でもある）。

「見通しをもって観察，実験などを行い」という文言の「見通しをもって」は，前回（平成10年）の学習指導要領の改訂で新たに加えられた文言であり，それまでの実験や観察がややもすると目的意識もなく，結果の予測もなく行われていることが少なくなかったという反省のもとに加えられた経緯がある。児童のみならず指導する教師の側にも同じような状況があったことも否めない。ここまで，まず観察，実験を行い，次に問題解決活動を行うという順序性が見えてくる。

「問題解決の能力」は，理科学習のなかで結果的に児童が身につける能力ということができる。本事例の単元に即していえば，実験をしてそのデータをもとに科学的な思考をするときに，変える条件と変えない条件を明確に分けることが必要であるという「科学的な経験」によって身につく能力である。これらは，それぞれの学年目標によって明らかになっている。すなわち，第3学年は「現象を比較しながら調べ」ることであり，以下同様に第4学年では「関係付けながら調べ」，第5学年では「変化や動きをそれらにかかわる条件に目を向けながら調べ」，第6学年では「要因や規則性を推論しながら調べ」る体験が問題解決の能力として身についていく。

　「自然を愛する心情を育てる」は，前述したように，わが国の理科教育の固有の目標の概念であるが，自然保護や生命尊重だけにとどまらず，自然現象について好感をもって接する心情を育てることをねらいとしている。理科教育における環境教育の充実にもつながる文脈でもある。

　「自然の事物・現象について実感を伴った理解を図り」は，知識・理解の獲得にあたるところであり，従前の理科に限らず各教科においては，究極的な目標とされていた項目である。事物・現象は理科で扱うすべての領域の内容を示している。「実感を伴った」という文言は，今回の（2008年）の改訂の小学校理科の目標で唯一変更して加えられたものである。次に示す体験，習得，納得の三段階を経て実感を伴う理解を児童が得るようになる。

- 事象を諸感覚で捉え，現象を見てわかった，聞いてわかったというような段階での体験による理解。
- 実験，観察にあたってもった「見通し」と実験，観察の結果を照合して，知識として理解する習得という意味での理解。
- 経験や習得した経験をものづくりや発展学習に活用したり，ほかの学習場面や日常生活での応用を図ったりを経験は納得という意味での理解。

　「科学的な見方や考え方を養う」は，理科学習を通じて，ほかの文化とは区別される実証性，再現性についての考え方を養うということである。実証性と

は，児童がもつ問題が観察，実験などによって確かめることができることであり，再現性とは，問題を観察，実験などを通して解決するとき，時間や場所を変えて何度行っても同じ条件のもとでは同じ結果になるということである。

(2) 小学校理科の内容区分

小学校理科の内容は，2008年に告示された学習指導要領の改訂により2区分となった。これは「児童が自ら条件を制御して実験を行い，規則性を帰納したり，一定の視点を意識しながら自然を全体と部分で観察して，特徴を整理したりする児童の学びの特性」によるとされている。

「児童が自ら条件を制御して実験を行い規則性を帰納したり」は物質・エネルギーとしてくくられたA区分，後半の「一定の視点を意識しながら自然を全体と部分で観察して，特徴を整理したり」は生命・地球としてくくられたB区分に対応して，かつ中学校における第一分野，第二分野との整合性を加味して系統的な連続を図ることをもねらいとしている。児童の「自然」へのアプローチの仕方によって分けられたということもできる。このような区分の特質をみると文系といわれることの多い小学校教員養成課程に学ぶ学生の多くはB区分に近親感をもちA区分には苦手感をもつという現状が理解できる。

「エネルギー」という基本的な見方や概念は，「エネルギーの見方」「エネルギーの変換と保存」「エネルギー資源の有効利用」に分けて内容が配列されている。

「粒子」という基本的な見方や概念は，「粒子の存在」「粒子の結合」「粒子の保存性」「粒子のもつエネルギー」に分けて内容が配列されている。単元名（学習指導要領の内容の項目）を見てみると，以下のとおりである。

　3学年……物と重さ（新単元），風やゴムの働き（新内容），光の性質，磁石の性質，電気の通り道

　4学年……空気と水の性質，金属，水，空気と温度，（水の体積変化は追加内容），電気の働き

　5学年……物の溶け方，振り子の運動，電流の働き（6学年から移行）

6学年……燃焼の仕組み，水溶液の性質，てこの規則性（5学年から移行），電気の利用（新内容）

　生物のように環境との関わりのなかで生命現象を維持したり，地層や天体などのように時間や空間の大きなスケールで捉えたりするものなどの特性をもつものがある。児童は，このような特性をもった対象に働きかけ，追究することにより，対象の成長や働き，環境との関わりなどの見方や考え方を構築することができる。さらに区分は2分され，「生命」と「地球」に分割されている。「生命」という基本的な見方や概念は，「生物の構造と機能」「生物の多様性と共通性」「生命の連続性」「生物と環境のかかわり」に分けて内容が配列される。

　「地球」という基本的な見方や概念は，「地球の内部」「地球の表面」「地球の周辺」に分けて考えられる。「地球の内部」は地質学，「地球の表面」は気象学，「地球の周辺」は天文学の諸自然科学に対応している。単元名（学習指導要領の内容の項目）を見てみると，以下のとおりである。

　3学年……昆虫と植物，身近な自然の観察（新内容），太陽と地面の様子
　4学年……人の体のつくりと運動（追加内容），季節と生物，天気の様子（5学年から移行），月と星
　5学年……植物の発芽，成長，結実，動物の誕生（水中の小さな生物は追加内容），流水の働き（川の上流，下流と河原の石は追加内容），天気の変化
　6学年……人の体のつくりと働き，植物の養分と水の通り道（水の通り密は追加内容），生物と環境（食べ物による生物の関係は追加内容，月と太陽（新内容）

3．授業実践による検証と課題

(1) 教育実習での実践

　小学校理科教育における実践上の課題とその解決のための手立てについて，教育実習における実践を通じて検討してみたい。Nさんの教育実習の概要は以

下のとおりである。

　　　実習校：神奈川県Ｘ市立小学校　　　担当学年：第４学年
　　　期　　間：９月３日〜９月28日　　　担当教科：小学校全科

　Ｎさんは，大学の教員養成課程で既に２，３学年において週あたり１回（１日）公立小学校で「実習」を行っている。教育職員免許状の取得のため規定された実習とは異なるので，主に児童の生活・学習全般にわたる観察と教師の教育活動への観察参加が主であった。したがって，本格的に学習指導案を作成して実践する「教育実習」は，以下の学習指導実践で扱う理科の指導を含めた各教科の指導は初めての実践ということになる。

　扱った単元は，小学校理科５学年の教科目標である「条件に目を向けながら調べ，見いだした問題を計画的に追究したりものづくりをしたりする活動を通して，物の変化の規則性についての見方や考え方を養う」に該当する「条件制御」の単元として重要であり，研究授業では数多く取り上げられる単元である（以下はＮさんの学習指導案である）。

第５学年　理科学習指導案

１　単元名　「ふりこ」
２　単元の目標
　ふりこの運動の規則性に興味・関心をもち計画的に実験を行う条件制御の能力を育成しながら，糸につるしたおもりが１往復する時間は糸の長さによって変わるということを理解する。
３　評価基準
【ア自然事象への関心・意欲・態度】
　①　ふりこの１往復の時間に違いがある事象に興味・関心をもち原因を見出そうとしている。
　②　ふりこ作りに興味をもち，意欲的に活動しようとしている。
　③　ふりこの規則性を理解し，10秒時計ふりこ作りをしようとしている。
【イ科学的な思考】
　①　ふりこの１往復の時間を変えるためには何を変えればよいのか考えることができる。

② 10秒をはかることができるふりこを作ることができる。
③ そろえた条件に合わせて実験の結果を記録し，まとめることができる。
【ウ観察・実験の技能】
① 1往復するふりこの時間を変えるために，変える条件と変えない条件を制御しながら実験することができる。
② 手作りふりこを自分で作ることができる。
【エ知識・理解】
① ふりことは何なのか分かる。
② ふりこの1往復の時間を短くするためには糸の長さを変えれば良いことが分かる。
③ ふりこに関する歴史やふりこが使われているものが分かる

4 単元について
① 児童について
　　本単元ではおもりを使い，おもりの重さや糸の長さなどを変えてふりこの動く様子を調べ，ふりこの運動の規則性について学習する。また1往復の時間を測定し条件を制御しながら実験を行い，測定結果から，糸につるしたおもりの1往復する時間はおもりの重さなどによっては変わらないが，糸の長さによって変わることを学習する。また第3学年「A(2)風やゴムの働き」の学習をふまえて，「エネルギー」についての基本的な見方や概念を柱とした内容のうちの「エネルギーの見方」にかかわる学習でもある。
　　第5学年では前学年で培った自然の事象・現象の変化とその要因とを関係付ける能力に加えて，変化させる要因と変化させない要因とを区別しながら，観察・実験を計画的に行っていく条件制御の能力を育成することに重点が置かれており，本単元ではふりこの1往復の時間を測定する実験で実際に学習することができる。またこの実験の結果を処理する際には算数科の「平均」の学習とも関連付けて処理ができるようにする。
② 教材について
　児童にとってふりこというものは普段見慣れないものであるため，実際にふりこを児童自身に作らせることで興味・関心を高めながら主体的に活動を行うことができるようにする。そのため測定をする段階では班に1つ・実験後には学んだことを生かし各自1つずつふりこを作る。その際には鉄製スタンドを使用するため転倒や実験台からの落下など安全面には十分留意する。

5 指導計画（5時間）

次	時	学習過程	指導過程　評価の観点
第一次	1	ふりこについて知ろう めあて ●ふりこについて知る。またそのふりこと同じ動きをするものの身近なものとして、遊具の"ターザンロープ"があることに気付く。 ●実際に自分でターザンロープに乗ったりしてふりこを体感する。 ●ターザンロープの様子を思い出しながら、乗った人によってふれ方が違うこと・ロープの長さによって違うことを思い出す。	○ふりことはどういうものか実物を見せ説明する。またふりこの動きを使って身近な遊具"ターザンロープ"があることに気付かせ、ふりこのものに対し興味・関心をもたせる。 ○ターザンロープに子どもたちを連れて行き、実際に遊ぶ。この時乗る子どもによっていろいろな揺れ方があることを気付かせる。 [関心・意欲・態度] ふりこそのものに興味・関心をもち意欲的に参加する。
第二次	1（本時）	めあて ふりこを作ってふれ方を調べてみよう。 問題 ふれ方の違いは何によって起こるのだろう？ ●ターザンロープのふれ方を思い出す。 ●班で1つふりこを作り、自分の班のふりこと他の班のふりこが違うことを確認する。実際どれくらい違うのかストップウォッチを使いながら調べる。	○ターザンロープのことを思い出させながらブラックボックスのふりこを見せ、ふれ方が違うことを改めて確認させる。 ○ふりこの作り方を説明する。 ○ふれ方が違うことから、ふりこにはそれぞれのふれ方があるがそれは何によって変わるのか問題提起する。
	2	●何によってふりこの1往復の時間が変わるのか班で話し合い、意見を出す。 ●出た意見をまとめる。	○班でしっかりと話合わせる。 身近な現象を提示しながら要因を考えさせる。 ○出た意見をまとめ、条件が3つあることをしっかり提示する。3つの条件を班で実験することを伝える。 【自然事象への関心意欲態度】ア-①②
	3	●班からでたふりこの要因をもう1度思い出す。 ●前時で作ったふりこを使い、条件ごとに実験する。 ●実験結果を記録し、模造紙に書き発表する。 ●結果から糸の長さを変えることが時	○実験をするときにスタンドの安全面にはしっかり指導する。 実験の方法について改めて確認する。 ○本当にそうなのか25cmと50cmの糸を用意して実験させる。 【科学的な思考】イ-①③

		間を短くする要因になることに気付く。	【知識・理解】エ-②
		結果	
		ふれ方は糸の長さを変えることによって変わる。	
	4	めあて	
		ふりこストップウォッチを作ってみよう	
		●ふりこが1往復する時間は糸の長さによって変わることを生かして1往復1秒のふりこを作る。ふりこストップウォッチを作ってみよう 作れたら、それぞれ好きな時間を設定してストップウォッチを作る。	○ふりこの1往復の時間が短いとき・長いときは糸をどのよう調節すればよいのか確認しながら作らせる。 ○1往復1秒のふりこが作れたときの条件をしっかり記録するように指導する。
		●ガリレオやふりこ時計・メトロノームについて理解する。	○学習のまとめとしてふりこの歴史・メトロノームなどを紹介する。 【科学的な思考】イ-② 【知識・理解】エ-③

6 本時の指導

目標

　ふりこを実際に自分たちで作り、ふれ方が違うことを観察し、その要因を考え、条件に合った実験を計画的に行い、糸の長さを変えることによって1往復の時間を変えられることを理解する。

学習活動（・予想される児童の活動）	教師の働きかけ【評価項目】
1　学習のめあてを確認する 　めあて	
ふりこを作ってふれ方を調べてみよう。	
2　前時ターザンロープで遊んだ経験を生かし、乗る児童によってふれ方が違うこと思い出す。	・前時の様子を思い出させ、ターザンロープの長さにはいろんな長さがあったこと・乗った児童によってふれ方が異なったことを思い出させる。 ・あらかじめ用意しておいたブラックボックスつきのふりこを2つ用意し、同じふりこではあるがふれ方が違うことを改めて目で確認させる。 ・糸は伸び縮みしにくい丈夫なもの・おもりを用意して作らせる。スタンドを使う際には落下などに注意するよう指導する。

3　班隊形になり，各班1つずつふりこを作る 　　他の班とのふりこを比べていろんなふれ方があることをストップウォッチを使って観察する。 4　どうしてふれ方が違うのか班で話し合いをして意見を出す。 　・重い錘のほうが勢いがあってはやく動くから時間が短くなる 　・振れ幅が違うと動く距離が少ないから短くなる 　・糸が短いと動きが速くなって短くなる 5　でた意見をまとめて理由とともにノートに記入する。	・ふれ方が異なることに対して何が原因で異なるのか・どうしたら往復時間が短くなるのか問題提起する ・身近な現象などを提示しながら要因を考えさせる 【自然事象への関心意欲態度】ア-①② ・条件が3つあることを改めて提示し，実験を行うことを伝える。 　実験をする際に既習ではあるが改めて変える条件と変えない条件・何を一定にしなければならないのかを確認してから実験に臨ませる。

　　　　　　　ふりこのふれ方は何によって起こるのだろうか？

6　それぞれの条件に合わせて何を変えて何を変えないのか理解してから実験を行う。 7　実験結果をまとめノートに記入し，各班でグラフを作り模造紙に書く。 8　糸の長さを変えることで時間が短くなることが実験結果から分かる。 9　本当にそうなのか25cmと50cmで糸の長さを変えてもう1度実験をする。 10　結論・まとめをする。	・実験を始めてから1度結果を確認し，それぞれ出した結果が同じになることがないことから，実験には必ず誤差というものが生じることを伝える。 ・1往復で計るのは難しいという言葉が聞こえたら，算数の平均の考え方を易しくしたものを伝え，10往復から1往復何秒なのか計算するようにする。 ・実験が正しく行われているかどうか机間巡視をする。 ・平均の計算がしっかりできているか確認する。 【科学的な思考】イ-①③ 【知識・理解】エ-② ・次回はふりこストップウォッチを作ることを予告する。

　　　　　　　ふれ方は糸の長さを変えることによって変わる。

結論

(2) 授業実践に向け学習指導案の検討

　学習指導案は，授業を進めるための，すべての必要な情報を集積した教師の作成する文書のなかでもきわめて重要なものの１つである。理科では教材のまとまりを単元と呼ぶことが多いので，教科書の単元ごとに１つの学習指導案を教科書（公立学校では区，市などで採択された教科書）の記述をもとに，課題，見通し，実験（観察，調査），結論のユニットを作成する。さらに，１～２時間の問題解決の単位に分割する。研究授業などの「本時」にあたる区切りである。最小単位の学習のめあてとその解決の手立てである。

　大きく分けた指導計画の左側には，学習過程として児童の学習に関わる活動について記述する。児童が教師とともに定めたものとして，「めあて」や「目標」，本学習指導案では結果や結論にあたる部分を罫線で囲んで示してある。「●」をつけて学習する内容を簡潔に書く。本時の指導には，「・」をつけてそのあとに「予想される」児童の活動や発言を書く。必要があれば，実験の装置や記入する表組みなどを書くこともある。右側には，教師の指導事項を書くようにする。児童が自発的に，自主的に学習を展開し，それを支えるのが教師であるとする今日の学習論などを背景として「教師の支援」などとするときがあるが，そうではなく，教師の適切な指示，教示，安全にする指導などを書くようにする。

　このように児童の活動が先にあって，それを支援するようなかたちで教師の「教育活動」があるのは児童観の変革である。児童の学びは，教師からではなく児童自ら始められる。児童は自ら学びを創りだし，知の更新をする存在であるというこのような考え方は理科教育ではかなり以前から定着している。その反映としての形式である。注意して学習指導案の指導計画を見ると左側の学習過程の主語は児童であり，右側の指導過程の主語は教師となっているはずである。

　評価については，【評価の観点】，たとえば自然への関心・意欲・態度は関心・意欲・態度と略記され，ア-①のように評価基準の表に該当する記号で表

わされる。さらには〈評価方法〉として〈ノート分析〉〈発言評価〉などのように，具体的な評価方法があればよい。授業中や指導中に即時的に評価する方法と授業のあとに児童の作品や記録などをもとに評価する方法があるが実際の授業でできる評価は多くはないので，1時間あたり1項目程度とするのが現実的である。

(寺木秀一)

ワーク

1. 大学での4年間の学びを振り返って，自分自身の理科教育リテラシーの到達状況を測定してみよう。教科教育法（理科），教科専門理科，あるいは教育実習，そのほかの教科などにおいて 学んだ成果はどうだろうか。次の表は小学校3学年から6学年までの理科の教科書の単元名である。大学で教職課程を学び始めたときの自分と現在の自分を比べて好き・嫌い，教えるのは得意・教えるのは不得意で分けて見よう（好きで得意◎，好きだけど不得意○，嫌いだけど得手△，嫌いで不得手▲）。

第3学年の単元	入学次	4年次	第4学年の単元	入学時	4年次	第5学年の単元	入学次	4年次	第6学年の単元	入学次	4年次
ものと重さ			とじこめた空気と水			もののとけ方			もの燃え方と空気		
風やゴムでうごかそう			もののあたたまり方			ふりこ			水溶液の性質		
光とかがみ			電気のはたらき			電流がうみだす力			てこのはたらき		
じしゃく			季節と生き物			発芽と成長			電気の利用		
電気の通り道			体のつくりと動き			花から実へ			植物の体の養分と水の通り道		
チョウをそだてよう			天気による気温の変化			流れる水のはたらき			体のつくりとはたらき		
生き物をさがそう			月と星			人の誕生			生物と環境		
かげと太陽			水のすがた			天気の変化			土地のつくりと変化		
植物を育てよう			水のゆくえ			メダカの誕生			月と太陽		
集計 ◎											
○											
△											
▲											

2．科学への関心を高める観点から，実社会・実生活との関連を重視するうち理科指導が大切だといわれている。小学校の児童の実生活と理科学習との関連を以下の2つの側面から，具体的な事項をあげてみよう。
　　① 日常生活のなかで見いだした問題を理科学習の課題として取り上げ問題解決を図る
　　② 理科学習で得た知識・技能および科学的な見方・考え方を日常生活に活かす

注
1)「平成20年度小学校理科教育実態調査」国立教育政策研究所，2008年。
2) 社会の課題と身近な暮らしを結びつけ，新たな価値観や行動を生み出すことをめざす学習や活動である。たとえば，持続不可能な社会の課題を知り，その原因と向き合う。それらを解決するためにできることを考え，実際に行動する。そのような経験を通じて，社会の一員としての認識や行動力が育まれていく豊かな自然と命のつながりを感じたり，地域に根ざした伝統文化や人々と触れながら，人と自然，人と人との共存や多様な生き方を学ぶといったことも，ESDのアプローチの1つである（ESD-J2012による）。

引用・参考文献
角屋重樹他『小学校理科の学ばせ方・教え方事典』教育出版，2011年
戸北凱惟『理科教育研究の視点と方法』東洋出版社，1988年
文部科学省「小学校学習指導要領解説」理科編，東洋館出版社，2008年

5 英語科実践力向上のために

[英語（小中高等学校）]

1．新学習指導要領にみる中高英語科教員に必要な力

　2008年公示，2012年施行の『中学校学習指導要領解説外国語編』では，外国語科の基本方針として以下の4点が強調されている（第1章総説　2外国語科改訂の趣旨　改編）。

1）「聞くこと」「読むこと」を通じて得た知識を使って，「話すこと」や「書くこと」も行い，4技能を総合的に育成する。
2）外国語学習に対する関心・意欲を高め，4技能を総合的に指導できるような題材や内容を選ぶ。
3）文法を，コミュニケーションを支えるものとしてとらえ，文法指導を言語活動と一体的に行う。
4）「聞くこと」「話すこと」については，小学校での音声面を中心とした外国語活動を引き継ぎ，併せて「読むこと」「書くこと」も充実させる。

　どの項目にも共通するのは，「聞く」「話す」「読む」「書く」の4技能を，授業のなかでまんべんなく指導しなければならないということである。事実，学習指導要領解説の原文には，すべての項目に「4技能を総合的に」の文言がある。つまり，これからの英語科教員には（実はこれまでもそうであったが），4技能を活用した活動を授業内で有効に組み合わせ，生徒の総合的な英語力をバランスよく伸ばす力が備わっていなければならないということである。

　また，外国語科の目標として，以下のことが明記されている（第1章総説　3外国語科改訂の要点　改編）。

1）外国語を通じて言語や文化に対する理解を深め，
2）外国語を通じて積極的にコミュニケーションを図ろうとする態度を育成し，

3）4技能を通してコミュニケーション能力の基礎を養う

　以前は中学校が外国語学習の入門期だったが，現在は小学校で外国語活動が既に始まっていることを受け，言語や文化に対する理解を深め，コミュニケーションを図ろうとする態度を育てるだけでなく，実際の運用能力（の素地）を確実に身につけさせる必要性が述べられている。

　ここで，「コミュニケーション能力」の定義について考えてみよう。"コミュニケーション"を辞書で調べると，「ことば・文字・身振りなどによって，意思・感情・思考・情報などを伝達・交換すること」（『明鏡国語辞典』大修館書店）とある。これをもとに，英語での「コミュニケーション能力」を定義すると，自分の意見や伝えるべき情報をすばやく英語に変換できる力だといえる。ここでいう英語は，ある特定の場面で典型的に使われる表現（＝道を尋ねられた際やレストランでメニューを注文する際に使うであろう定型表現）だけをさすのではない。もちろん，コミュニケーションを行うのに決まり文句的な言い回しを使うことも多い。ただし，それで事足りるわけではない。自分の言いたいことを瞬時に英語で組み立てる力も必要だ。この力なしでは，コミュニケーションは滞ってしまうだろう。この「短時間で英文を構築する際に使うもの」が，文を組み立てるルール，つまり「文法」だ。よって，基本方針の3）にあるように，コミュニケーション活動を成功させるために文法は欠かせない。

　つぎに，2009年公示，2013年施行の『高等学校学習指導要領解説外国語編・英語編』を読んでみる。ここでも中学校版と概ね同様のことが書かれているが，高等学校に特化している内容として，次のような一節がある（第1部外国語編　第1章総説　第1節2改訂の趣旨　一部抜粋，改編）。

　　「中学校における学習の基礎の上に，聞いたことや読んだことを踏まえた上で，コミュニケーションの中で自らの考えなどについて内容的にまとまりのある発信ができるようにすることを目指し，「聞くこと」や「読むこと」と，「話すこと」や「書くこと」とを結び付け，四つの領域の言語活動の統合を図る」

やはり「四つの領域」というフレーズが肝となっている。実際の高等学校の平均的な授業形態は，筆者が高校生だったときも今も「文法訳読式」授業のようだ。ただ，残念ながら，この授業形態は英語を使えるようにするための形態とはなっていない。たしかに，一文ごとに文法構造を解析しながら母語に翻訳していくこの指導法には，言語に対する分析力を高めたり，知識や教養を高めたりする学習効果が期待できるかもしれない。しかしその一方で，音声指導や英語を使う言語活動のための時間をあまり捻出できないという問題点もある（岡，2011，p.19）。高校英語教師は，今後，文法訳読式以外にも授業形態のレパートリーを増やし，生徒に英語を使わせる授業を展開していくことが求められる。

また，次の一節も注目に値する（第1部外国語編　第1章総説　第1節2改訂の趣旨　一部抜粋，改編）。

> 「中学校における学習が十分でない生徒に対応するため，身近な場面や題材に関する内容を扱い，中学校で学習した事柄の定着を図り，高等学校における学習に円滑に移行させるために必要な改善を図る」

言語習得という観点からいえば，学習された内容が学習者によってきちんと習得されるまでには時差が存在する。つまり，教師が教えたからといって，生徒がすぐに（十分）理解できるわけではないし，ましてや使えるようになるわけではない。よって，「中学校で学習した事柄の定着」の配慮が必要な生徒は，本来，中学校の英語学習につまずいた生徒に限定されるべきではない。すべての生徒がきちんと基礎固めをしたあとで，その上の学習を積み重ねていく必要がある。よって，教師はこの時差を十分に考慮し，高校1年時（入学時）の授業を計画すべきである。

新学習指導要領では，高等学校における科目の構成も大きく変わった。主な変更点は以下のとおりである（第1部外国語編　第1章総説　3外国語科改訂の要点　改編）。

- 4技能の総合的な育成を図るコミュニケーション科目[1]，論理的に表現する能力の育成を図る表現科目[2]，会話能力の向上を図る科目[3]を創設

する。
- 「コミュニケーション英語Ⅰ」をすべての生徒に履修させる。
- 中学校における学習との円滑な接続を図る科目として「コミュニケーション英語基礎」を新設し，中学校との系統性を重視する。
- 指導する語数を充実する[4]。
- 文法事項は言語活動と効果的に関連付けて指導する。
- 生徒が英語に触れる機会を充実するとともに，授業を実際のコミュニケーションの場面とするため，授業は英語で行う。

　旧学習指導要領の「英語Ⅰ」「英語Ⅱ」も，実は4技能を総合的・統合的に育成する目的で設置された科目であったが，実際の現場では「読む」という側面だけが先行する授業形態となってしまった。同じく4技能を伸ばすという目的で新設される「コミュニケーション英語」が，現場の教師にどの程度のプレッシャーと改革意識をもたらすかはまだわからないが，英語をコミュニケーションのツールとして使用させる必要性がより強調されているのは確かである。

　筆者の担当する教職科目を履修する大学3・4年生に，高校時代の英語の授業形態を質問したところ，音声を伴った活動や英語を発信する活動を交えた授業を受けたと回答した学生は1割程度で，文法訳読式の授業だったと回答した学生が圧倒的に多かった。

　自分が教える立場に就いたとき，それまでに外から新たなやり方を取り入れていない限り，自分が教わったやり方をそのまま踏襲しようとするものだ。その指導法以外の選択肢をもたないので，方法の善し悪しは別として，自分が教わったとおりにしかできないのである。"世襲制"を否定するわけではないが，この先の英語教育に求められていることを考えると，自分の教わったとおりの教え方だけで英語を指導していくことには無理があるだろう。

　「授業は英語で行う」については，この部分を「授業の最初から最後まで英語Onlyで行わなければならない」と解釈し，自分の英語力に不安を抱く高校教師もいれば，英語で文法を解説するのはかえって時間の無駄であり，日本語

で解説したほうがはるかに効率的だと「授業は英語で」に異論を唱える教師もいるだろう。筆者自身は，「授業は英語で」を「教師は英語 Only で授業しなければならない」ではなく，「生徒に英語を使わせる機会を十分に与えなければならない」と解釈している。

ただし，教師がほとんど英語を使わず，生徒にだけ英語を使わせようとしてもうまくいくはずはない。教師が，「英語学習に成功した学習者」，もしくは「英語学習の先輩」として英語を使ってみせることで，生徒の学習意欲向上や実際の英語使用につながるはずである。結局のところ，教師も授業内容や生徒の理解度に応じて，必要な場面で積極的に英語を使用することが求められる。

同じ3・4年生に，高等学校の英語の授業でどの程度英語を使用する機会があったのかという質問も投げかけてみた。これに関しても，問題演習や教師の解説が大半で，自分たちが英語を使う場面はあまりなかったという回答が多かった。なかには，音読すらしなかったという声もあった。文法訳読式授業が，十分な音声指導を伴っていないのは，やはり事実のようだ。繰り返すが，学習指導要領で何度も強調されている「コミュニケーション能力」や「4技能」の育成を考える場合，自分たちが受けてきた授業形態とこれからの学校英語教育で求められる授業形態は大きく異なっていることを十分認識してほしい。

以上のことから，中高英語科教員を志す者は，何よりもまず自分自身の英語運用能力[5]を，教壇に立つ日までにできる限り伸ばしておかなければならない。英語の授業の大半（必ずしもすべてではないが）を英語で行い，生徒には「読む」「聞く」といった受容的な作業だけでなく，「話す」「書く」といった英語を使用する機会も積極的に与えられないと，一人前の英語教師とは認められない。もし，自分のスピーキング力に自信がなければ，授業でそれに関連した活動を取り入れることには消極的になるだろう。発音に苦手意識があれば，教科書本文の範読や新出語句のモデル発音を堂々とできないだろう。英語（外国語）という教科は，実は体育や音楽や美術のような"実技科目"としての要素をおおいに含んでいるのである。

では、「英語運用能力」を備えていることが英語科教員としての必要十分条件か。もちろん、そうではない。教員となる日までに、可能な限り英語運用能力を高める努力をしておくことと並行して、英語を使わせる指導法のバリエーションもできるだけ多く蓄えておくべきだろう。これについては、後述3.で詳しくふれることとする。

2. 教育実習で得られた「経験」と「反省」

つぎに、実際に3週間の教育実習を終えた大学4年生が、その体験から何を感じ取ったのかを考察する。以下は、2012年度春学期に教育実習に行った学生から回収したコメントをまとめたものである。

(1)「授業観察」を通して気づいたこと・感じたこと

筆者は、教育実習に行く学生に対して、指導教員の授業だけでなく、時間の許すかぎりいろいろな先生から授業を参観させていただくとよいと勧めている。教師の授業スタイルは、経験年数・教師の個性・教える学年や集団の特性によってさまざまであり、学ぶべき授業のヒントはいたるところに隠されているからである。

教育実習生が引きつけられた授業には、いくつかの共通点があることがわかった。その授業では、生徒の学習意欲を高めたり、集中力を持続させたりするため、以下のような工夫がなされていた。

- 授業（の本題）に入る前に、Warm-up活動やペアワークを行う。
- 生徒に英語を話す機会を多く与える。
- 50分の時間配分を工夫している。
- 題材に関するさまざまな関連情報を生徒に提供する。
- 生徒とのインタラクションを多くとる。
- 全体指導のなかで必ず個別対応も行う。
- （その日のクラスの雰囲気に合わせて）授業内容を臨機応変に変える。

そこでは、「生徒中心」の授業が展開され、生徒を退屈させない時間配分が

設定されていた。

(2) 「教壇実習」を通して気づいたこと・感じたこと

では，授業観察で得たそれらのヒントを，自分の教壇実習にうまく活用できたのだろうか。現実は，重点をおくべきポイントを自覚していても，うまく実行に移せない場合が少なくない。または，そもそもその力がまだ自分に備わっておらず，実践できない場合もある。教壇実習がほとんどゼロの実習生だと，なおさらであろう。以下は，実習生が自分の授業を振り返り，授業を円滑に進めるために必要だと再認識した項目である。

① 英語力
② 英語の正確な発音
③ 英語に関する豊富な知識
④ 声量
⑤ 生徒とのアイコンタクトやインタラクション
⑥ 視覚的補助の活用
⑦ 十分な教材研究
⑧ 板書計画
⑨ 生徒観察
⑩ 生徒との日ごろからの信頼関係
⑪ 臨機応変な対応力
⑫ 柔軟性

このなかで，①〜③は，大学の授業のみに頼らず，本人の自助努力でいくらでも鍛える（蓄える）ことができる部分である。これらについては，筆者自身，教職志望の学生に向けてもっと強調すべきだと再認識している。

④〜⑧も，大学での模擬授業を通して，実習前に入念に練習できる部分である。ただ，お互い気心が知れた大学生同士が教師役と生徒役に分かれて行う模擬授業では，実際の中学校や高等学校の1クラスの雰囲気をそっくりそのまま再現することはできない。模擬授業では，多くても20名を前に50分授業の一場面を取り出して練習するのが精いっぱいである。その場ではとくに感じなかったが，40人近くの生身の生徒を相手に実際50分授業をすることで，初めて（改めて）実感した部分なのだろう。

⑨〜⑫は，教育実習生がどんなにがんばっても，たった3週間の経験だけでは現役教師に太刀打ちできない部分である。また，ある一定期間訓練したら身

につくという技術でもない。とくに,「柔軟性」や「臨機応変な対応力」は,教師としての経験を積むなかで徐々に身についてくる側面だといえる。ただし,そうであるからといって,場当たり的な指導は禁物である。新人教師として,事前に十分な教材研究をし,授業計画をたて,その計画に沿ってその日の授業を確実にこなす努力は,最低限すべきだろう。

3．学習指導案にみる授業実践の工夫

先ほど話題にあげた指導法のバリエーションについて,実習終了後に学生が提出した「学習指導案」(最後の研究授業用)と「実習レポート」を使って,「英語を使わせる活動例」を5例紹介する。前述2.と同じく,2012年度春学期に教育実習に行った学生の実践例である。

1．単元名　　2．本時の目標,または指導観　　3．指導計画
4．「教育実習レポート」からの抜粋(当該実践例に関して学生が述べた部分)
【追加】授業展開例(指導案より当該個所のみ抜粋し,編集)
※基本的には,学生が指導案やレポートに記述したものをそのまま掲載するようにした。ただし,指導案内の誤植や不明瞭な表現については加筆・修正し,紙面の都合上,記述を適宜簡素化した。

---

(1) 視覚補助を効果的に使用した例　　中学2年
1．Lesson 2　Gestures／2A テレビ番組　*TOTAL ENGLISH NEW EDITION 2*(学校図書)
2．過去進行形を使った表現を聞いて理解し,口頭で言うことができる。過去進行形を使った表現を正確に書くことができる。※既習の学習内容(現在進行形)の復習を行いながら新出文法の学習を進めることで,生徒が無理なく理解できるようにしていきたい。
3．全7時間配当のうちの1時間目
4．いかに子どもの心を捉えた魅力ある授業を展開していくかを考えるのは大変だったが,実際に授業では自分の写真やクラス写真を用いて授業を展

開していくなどさまざまな工夫を取り入れた。

指導過程	学習活動	学習内容	指導上の留意点	評価
展開（35）	Review	「現在進行形」の復習	絵を用いる	観察 ○表現
	Presentation of the new grammar	「過去進行形」肯定文のパターンプラクティス ワークシート（自己表現）	写真を用い，興味を引く導入をする ワークシートを用い，理解と表現の確認を行う	○表現 ○意欲・関心・態度
	Activity	「過去進行形」疑問文とその答え方のパターン練習 カードゲーム	過去進行形の疑問文を用い，生徒同士で英問英答を行う。 タイマーとして音楽を利用する。	○知識・理解

● 新しい学習内容を導入したり，理解させたりする際，英語によるオーラルイントロダクションを取り入れるとよい。その場合，絵，図，写真，実物などを用いると，生徒の理解の手助けとなるだろう。

(2) グループワークを取り入れた例　　中学1年

1．Lesson 3　I Like Kendama *NEW CROWN ENGLISH SERIES 1*（三省堂）
2．what を使った一般動詞の疑問文を用いて，友だちに質問をすることができる。また，その質問に対し，正しく答えることができる。※まず，ペアワークで文がまちがっていないかを確認し，実際に質問しあう。その後，<u>4人1組のグループで互いに質問しあい</u>，答えをプリントに記入する。
3．全6時間配当のうちの5時間目（Part 3　2時間目）
4．（クラス内の）学力に1人ひとり差があったので，わかる子だけではなくわからない子にも伝わるように授業をしていった。

時間	学習内容	T：教師の働きかけ S：生徒の反応	留意点
7	全体で練習	T：What (animals/colors/sports/fruits/vegetables) do you like? S：What (animals/colors/sports/fruits/vegetables) do you like? ※教師の後を繰り返す T：What (animals/colors/sports/fruits/vegetables) do you like? T：I like ＿＿＿＿＿．	

		※教師が見本を示す。	
	ペアで練習	生徒はお互いに質問・応答しあう。	
13	グループワーク	(1) グループ分け (2)ルール説明 (3)プリント配布 (4) 代表者決め (5) 先攻の質問 (6) 後攻の質問 (7) 答え合わせ ※ルール：班の1人がある生徒になりきる。相手チームが1人ずつ質問をするので，その人になりきって質問に答える。相手チームはそれが誰（の回答）なのか当てる。	机間巡視。進行の具合を見る。

- 現在，中学校では，高等学校とはちがって活動がかなり取り入れられているが，ペアワークからさらに発展させて，この例のようなグループワークもときどき取り入れるとよい。内容の定着を図るのに有効な学習形態であるだけでなく，生徒同士の相互評価の場としても有効な学習形態だといえる（金谷，2009，p.331）。

(3) 音読を取り入れた例　　高等学校2年　英語Ⅱ
1．Unit 3　Rock Climbing *Genius English Course II Revised*（大修館書店）
2．本文の概要をつかみ，内容理解を深める。音読によって本文の定着を図る。
3．全5時間配当のうちの5時間目
4．普段音読活動をしている先生は少ないらしく，ペアで読ませたり，誰が速く読めるか競わせて音読をさせたりすると，懐かしいと言っている生徒もいた。時間が余ったときには気分転換になると思うし，定着させるためにも音読はさせるべきだと感じた。

	指導過程（分）	生徒の学習活動	教師の指導	指導上の留意点
展開(46)	内容確認(10) ・本文まとめ(5) ・音読活動(5)	・教科書課末の穴埋め問題を解く。 ・教師の指示に従い音読する。	・穴埋め問題を通して，本文内容を復習させる。 ・コーラルリーディング ・バスリーディング ・ペアリーディング	・本文を思い出しながら解答させる。 ・生徒が飽きないように様々な種類の音読をさせる。

- 平均的な高等学校の授業では，内容理解（＝一般的には訳読スタイル）に大半の時間を割き，定着活動にあまり時間を割いていない。文法訳読"だけ"では英語が使えるようにはならない。理解したものが「日本語」で頭に残るだけだからだ。生徒が内容をきちんと理解したことを確認したうえで，それらの内容を英語で頭に取り入れていく手立てが必要である。音読は，一連のアウトプット活動の取っ掛かりとなる。ただし，1回や2回で終わってはあまり効果がない。回数を重ねるために，多少の変化をつけた音読を何パターンか用意するとよいだろう。

(4) ペアワークを取り入れた例　　高等学校2年　英語Ⅱ
1. Lesson 2　Samia Sadik *ELEMENT English Course II*（啓林館）
2. 音読活動を通し，積極的な態度を身につける。
3. 全8時間配当のうちの7時間目（Part 4の1時間目）
4. 特になし

過程	学習内容・活動	教師の指導	評価の観点
展開(42)	サマリー(10)	・空所箇所が違う2種類の要約文プリントを，各列交互に配布する。 ・空欄を埋めさせた後，隣の生徒と答え合わせさせる。 ・全員で音読させる。	・内容を理解しているか【理解】 ・互いが積極的に解答を確認しようとしているか。【意欲】 ・教師の指示をしっかり聞いているか【意欲】

- 中学校用教科書の英文は主に対話形式であるのに対し，高等学校用教科書では物語や論説文がメインとなる。しかし，だからといってペアワークに不向きというわけではない。本文を一文交替でペア音読させたり，この例のように，Information gap形式で内容を確認させたりする活動が可能である。

(5) リプロダクションを取り入れた例　　高等学校2年　英語Ⅱ
1. Lesson 3　The Wonderful World of Smells *PROMINENCE English II*（東京書籍）

2．Part 3 の本文の内容や文法を理解したうえで，音読活動を行い定着させる。確認テストを実施し，定着度を各自で確認させる。
3．全4時間配当のうちの3時間目　(Part 3)
4．記載なし

時間	教師の活動	生徒の学習活動	＊留意点　◎評価
活動(15)	①ペアを作り，起立させ，一文ごと交互に音読させる。 ②後で行う確認テストに出題する重要文（※記載省略）を4つあげる。 ③4つの重要文を Read & Look up で練習させる。	①起立し，ペアになって文を交互に音読する。 ②重要文4つ（教科書該当箇所）に線を引く。 ③教師の Read という合図で本文を黙読し，Look up という合図で顔を上げ，その文を口頭再生する。	＊机間巡視をし，発音等を確認する。 ＊スラッシュを意識させて音読させる ◎Look up の時に生徒の口元を注意して見て，きちんと英文を覚えているかを確認する。

● 理解した内容を英語で頭に取り込む手立ての1つとして，前頁でも紹介した音読がある。ただ，教科書本文を見ながら行うので「空読み」（＝意味を考えないで文字を音声化するだけの作業）の可能性を排除することはできない。英語を記憶するには，意味と合わせて頭に取り込む必要がある。何種類かの音読を経て，生徒が十分に英文に慣れてきたと感じたら，今度は，教科書から目を離し，一文ごと（または意味のまとまりごと）に自力で口頭再生させる Read & Look up のようなリプロダクションに挑戦させるとよいだろう。文やフレーズが短すぎると単なる丸暗記になるが，ある程度の長さであれば，記憶だけで覚えられないため，自ずと英文の意味や文構造に意識を向けざるを得なくなる。

4．これからの英語科教員に求められる力

　ここまで，中高英語科教員には今後どのような力が求められるのか，「学習指導要領」と「教育実習実践例」の2つの観点から考えてきた。要点を以下の①～④に簡潔にまとめたので，各自，再確認してもらいたい。

① 4技能を使った活動を組み合わせ、生徒の英語力をバランスよく伸ばす。
② 生徒に、英語運用能力の素地を身につけさせる。
③ 文法指導は、言語活動（＝使う練習）と連動させる。
④ 教師自ら必要な場面で積極的に英語を使い、授業が展開できる。

教師を取り巻く現状は、決して楽観できるものではない。学級経営や校務分掌の業務に追われ、教材研究は二の次になることも多々ある。また、最初からプロフェッショナルな教師などいない。生徒とともに日々勉強し成長していかなければならない。実習生の1人が、レポートに以下のように記していたのが印象的だった。「生徒にとって教師の影響は大きい。一生の仕事としてこれほどやりがいのあるものはないと思う。とても大変だが、とても素晴らしい仕事だと思う。そして、私は教師になる決心を新たにした」。　　　　　　（大田悦子）

■ワーク
1．授業で生徒に英語を使わせる機会を設けるには、どのような工夫をすればよいか、話し合ってみよう。
2．教壇実習を振り返り、自分の学習指導案を修正するとすれば、どこを修正すべきかを考えてみよう。
3．本章で紹介した事例以外で、教科書を使用した活動例を考えてみよう。

注
1）「コミュニケーション英語基礎」「コミュニケーション英語Ⅰ」「コミュニケーション英語Ⅱ」「コミュニケーション英語Ⅲ」。
2）「英語表現Ⅰ」「英語表現Ⅱ」。
3）「英語会話」。
4）「コミュニケーション英語Ⅰ」「コミュニケーション英語Ⅱ」「コミュニケーション英語Ⅲ」をすべて履修した場合、高等学校で1800語、中高で3000語。
5）文部科学省の2003年の『「英語が使える日本人」の育成のための行動計画』のなかで、英語でコミュニケーション能力の育成を図ることのできる英語教員の英語力の指標として、英検準1級、TOEFL550点、TOEIC730点程度以上が提示された。ただし、1つの目安、最低ラインと捉えるべきだろう。この英語力で英語教授力をすべてカバーできるという意味ではない。

引用・参考文献

岡秀夫編著 『グローバル時代の英語教育―新しい英語科教育法―』成美堂，2011 年
金谷憲編集代表 『英語授業ハンドブック　中学校編』大修館書店，2009 年
北原保男編 『明鏡国語辞典』大修館書店
JACET 教育問題研究会 『新しい時代の英語科教育の基礎と実践　成長する英語教師を目指して』三修社，2012 年
高橋一幸著 『成長する英語教師　プロの教師の「初伝」から「奥伝」まで』大修館書店，2011 年
文部科学省 『中学校学習指導要領解説　外国語編』2008 年
文部科学省 『高等学校学習指導要領解説　外国語編・英語編』2009 年
文部科学省 『「英語が使える日本人」の育成のための行動計画』2003 年

6　教育評価とそのあり方

　本章では，はじめに，「測定」と「評価」のちがいについて学習する。つぎに，教育心理データの種類とその性質について学習する。これらの内容をふまえたうえで，評価とその具体的な方法について学習する。最後に，指導要録における評価の観点，テストにおける妥当性と信頼性の概念，テストのつくり方について学習する。

1．測定と評価のちがい

　皆さんは，子どものころ，「先生！もっと客観的に評価してください」などと懇願した経験はないだろうか。評価について考えるとき，そもそも，本当に客観的な評価ができるのだろうかという疑問が浮かんでくる。このことを考えるにあたり，測定と評価のちがいから見ていくことにしよう。
　「測定」とは，学力，興味などの教育的，心理的事象について一定の測定尺度を用いて，量的または質的な資料をつくり出すことをいう。たとえば，テストを実施して得られた得点は測定値である。質的資料であれば，レポート，作品などがそれにあたる。
　つぎに，「評価」とは，児童生徒の学習成果や指導効果などを，その教育目標に基づいて解釈することをいう。たとえば，テストで得られた得点が70点であったとすると，この得点をクラスの平均点や，昨年のその児童生徒の得点と比較して解釈したり，目標に照らし合わせて解釈したり，さまざまな要因を考慮して，総合的に測定値の意味を解釈していくことが「評価」ということになる。要するに「評価」とは，測定値を解釈することといってよい。ということは，同じ70点でもAさんは「よくできた」という解釈になり，Bさんは「もう少しがんばろう」という解釈になることもありうるということである。つまり，「評価」は評価をする人の主観が少なからず入るため，客観的に評価する

ことはむずかしいといえよう。

　一方「測定」は，客観的に行わなければならない。なぜならば，できるだけ正確に学力や関心・意欲・態度などを測定しなければ，その解釈に影響を及ぼすことになってしまうからである。評価は，ただ測定値を解釈するだけではなく，解釈した結果を基に，教師の指導と学習者の学習活動の改善につなげていかなければならない。できる限り正確な「評価」を行うためには，測定して得られた数量や質的資料がどのような性質をもち，それらをどのようにして解釈すればよいのかということを知る必要がある。そこで，つぎに，教育心理データの種類とその性質について学習していくことにしよう。

2．教育心理データの種類とその性質

　教育心理データは，「名義尺度」「順位尺度」「距離尺度」「比例尺度」の4つの水準がある。以下に，それぞれについて説明する。

　① **名義尺度（質的データ）**　　分類のための尺度である。対象をいくつかに分類し，対象に対して各分類に属する符号としての数字を与える。たとえば，アンケートを実施する際，男性は1，女性は2などがこれに相当する。

　② **順位尺度（質的データ）**　　順位づけのための尺度である。対象をある性質に関して1つの順序で並べて，その順序どおりに数字をあてはめる。たとえば，「教育測定と評価」の授業は，1．興味がある，2．どちらでもない，3．興味がないなどがこれに相等する。

　③ **距離尺度（量的データ）**　　差の比較のための尺度である。その尺度上で，識別の間隔が等間隔であり，数値間の距離に加法性が成立する尺度である。間隔尺度ともいわれる。測定の原点と単位は任意である。たとえば，テストの得点，摂氏，華氏などがこれに相当する。摂氏0度は，絶対的原点ではない。摂氏30度は摂氏15度の2倍の温度であるという解釈はできないので注意が必要である。単に15度の温度差があるということだけである。テストも0点が絶対的な原点ではないので同じようなことがいえる。たとえば，算数で80点と

った場合，40点の人の2倍の算数の学力があるとは解釈できない。たんに得点の差が40点あると解釈できるだけである。

④　比例尺度（量的データ）　　比の分析が可能な尺度である。絶対原点があり，測定単位のみが任意である。長さ，速さ，重さ，反応時間などはこれに相当する。たとえば，長さの場合であれば，測定単位は，フィート，ヤード，メートルなど任意であるが，どの場合も0の原点は同じである。したがって，8フィートは4フィートの2倍の長さであると解釈できる。ヤード，メートルも同様である。

3．評価（解釈）の方法

ここでは，これらのデータの解釈の仕方について見ていくことにしよう。これらのデータを解釈する際には，大きく分けて2通りの解釈の方法がある。1つは，集団基準に準拠して解釈する方法である。もう1つは，目標基準に準拠して解釈する方法である。日本では，前者を相対評価，後者を絶対評価と呼んでいる。相対評価，絶対評価は評価の方法を意味する概念であるが，指導過程のなかに位置づいた評価の目的・機能を意味する概念としては，総括的評価と形成的評価がある。総括的評価には相対評価が用いられることが多く，形成的評価には絶対評価が用いられることが多い。まずは，総括的評価，相対評価とその具体的な方法から見ていくことにする。

(1)　総括的評価とその具体的な方法—偏差値—

総括的評価とは，プログラムの最後にテストを行い，教育目標がどの程度達成されたかを判断するとともに，今後の指導計画や指導法を改善する目的のために利用される評価のことをいう。この場合，テスト問題は，長期間で学んだことのまとめとして実施されることから，すべての教育目標1つひとつが理解できたかどうかを測定する問題で構成することはむずかしい。したがって，教育目標と密接に対応している形成的評価のためのテストと比べると，学習目標とテスト問題は密接には対応していないので，目標に照らして解釈することは

むずかしい。そこで，集団基準に準拠して解釈する。そのための代表的な方法が，偏差値に変換して解釈する方法である。今，iさんの教科jにおける偏差値Z_{ij}は，X_{ij}をiさんの教科jの素点，μ_jを教科jの平均点，σ_jを教科jの標準偏差とすると，次式で定義される。

$$Z_{ij} = \frac{10(x_{ij} - \mu_j)}{\sigma_j} + 50 \qquad \cdots (1)$$

ところで，なぜ，偏差値に変換して解釈をしなければならないのであろうか。つぎに，その理由について説明していくことにしよう。

テストの点数は，距離尺度といわれているもので，測定の原点と単位は任意である。たとえば，このことを理解するのに，温度の例で説明するとわかりやすいかもしれない。温度でも摂氏や華氏は，距離尺度データである。それは，摂氏の場合でいうならば，原点は，水が氷になるときの温度を便宜上0℃と決めただけで，絶対的な原点ではないからである。この場合の絶対的な原点である0となる基点は，−273.155℃である。したがって，40℃は20℃の2倍という解釈はできない。20℃の差があるという解釈しか成り立たない。華氏の場合では，氷点を32度，沸点を212度として，その間を180等分している。これと同様のことがテストの得点にもあてはまる。つまり，先の例で摂氏と華氏で原点にあたる0が異なるように，テストの場合においても，国語と数学のように異なる教科においては，その原点は任意であるから，原点にあたる0は異なると考えられる。したがって，素点をそのままで解釈することはむずかしい。すなわち，同じ60点という得点であったとしても，国語と数学では解釈が異なる可能性がでてくるわけである。そこで，このことを解決するために必要と考えられる情報の1つが，平均点である。両者の平均点を基準点として，すなわち集団基準に準拠して60という数値を解釈すれば，平均点が80点のときの60点と，平均点が40点のときの60点では，同じ60点でも解釈が異なることは容易に想像できることであろう。

ところが，同じ平均点の教科で同じ点数であった場合でも，両者を同じよう

に解釈できない場合がある。その例となる図6.1では，縦軸が人数で，横軸が点数である。この場合，国語のテストは，データの散らばりは比較的大きく，数学のテストでは，データの散らばりは小さくなっている。しかし，両者の平均点は，ともに55点だったとする。

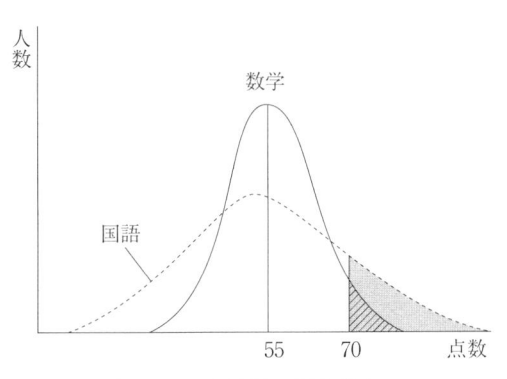

図6.1　2教科の得点分布

そこで，両者のテストで70点をとった生徒は，平均点が同じ55点だから，国語も数学も同じくらいの出来具合であると解釈してよいのであろうか。図6.1のグラフを見ると，国語では平均点より15点高い70点以上とった人は網かけした人数だけいるのに対し，数学では平均点より15点高い70点以上とった人は斜線の人数しかいない。同じ平均点のテストで同じ点数だったとしても，数学はトップクラスであるし，国語は数学ほどでもない。すなわち，両者の解釈が異なる場合がでてくるわけである。

これらのことを考慮して，各教科の素得点を変換し，誰が見ても変換後の数値が大きいほうが，相対的に見たときには成績がよいと解釈できるようにした指標が偏差値なのである。したがって，同一集団内において次のような場合は，偏差値を使わないと正しい解釈（評価）はできない（佐藤, 1997）。

● 他教科との成績の比較をするとき。
● 総合得点を求めて総合成績を比較するとき。
● 個々の生徒の得点の相対的位置を知るとき。
　また，偏差値を使ううえでの注意事項は，次のとおりである。
● 得点分布にかたよりがある教科がある場合は，偏差値による比較はできない。

- 他教科の得点と比較するときは，同一集団であること。
- 総合得点を求めるときは，共通教科のみに適用すること。すなわち全生徒が受けたテストのみに適用され，選択教科には安易に適用しないようにする。
- 標準偏差に対する得点の変域の比が極端に異なる教科の得点を無検討に偏差値にして加え合わせないようにする。
- 形成的評価には偏差値を適用しないようにする。
- 得点分布が正規分布をなしているときは，T－得点と呼ばれ，その得点により順位がわかるが，偏差値は順位はわからないので，解釈する際には注意すること。

(2) 形成的評価とその具体的な方法 ―S－P表分析―

　形成的評価とは，プログラムの途中で，教師が指導した1つひとつの目標や内容について，学習者がそれをマスターしたかどうかをチェックし，もしもマスターしていない学習者があれば，再指導あるいはプログラム，指導法を再考する目的での評価のことをいう。この場合，テスト問題は，すべての教育目標1つひとつが理解できたかどうかを測定する問題で構成されることが多い。したがって，テスト問題は，教育目標と密接に対応しているので，目標に照らして解釈することができる。また，テストは，1週間とか2週間単位でこまめに実施する。そのための代表的な方法が，S－P表分析（佐藤，1998）である。

　S－P表分析の目的は，学習指導の節目に実施する達成度テストデータや日々の授業における演習結果などから，教師の指導と生徒の学習結果の間の結びつきや関連を捉えて，生徒の学習状況や理解状況および指導法や設問に関わる質的な評価情報を得ることである。したがって，観点別評価や達成度評価における具体的な方法であることに加え，ポートフォリオ評価と併用すれば，総合的な学習の評価方法としても利用可能である。

　そこで，S－P表の仕組みについて，簡単に見ていくことにする。今，2人の生徒A，Bの正答数がともに10問中6問だったとする。このとき，はたし

表6.1 生徒A，生徒Bの解答パターン（正答が1，誤答は0）

問題番号	1	2	3	4	5	6	7	8	9	10	得点
……	.	.	.	.	.	.	.	.	.	.	
生徒A	1	0	1	1	0	1	0	1	0	1	6
生徒B	1	0	0	1	1	0	1	1	1	0	6
……	.	.	.	.	.	.	.	.	.	.	
正答者数	20	8	28	25	15	23	5	21	12	18	

表6.2 生徒A，生徒Bの解答パターン（左から正答者数が多い順）

問題番号	3	4	6	8	1	10	5	9	2	7	得点
……	.	.	.	.	.	.	.	.	.	.	
生徒A	1	1	1	1	1	1	0	0	0	0	6
生徒B	0	1	0	1	1	0	1	1	0	1	6
……	.	.	.	.	.	.	.	.	.	.	
正答者数	28	25	23	21	20	18	15	12	8	5	

（S曲線）

て2人の学力は同じとみることができるのだろうか。表6.1に，2人の解答パターンを示す。これを見ると，両者別々の問題に誤答していることがわかる。

　これを，さらに，これらのなかに埋もれている教育情報を解釈しやすくするために，正答者数が多い問題順（やさしい問題順）に並べ替えてみる（表6.2）。

　すると，生徒Aは，やさしい問題には正答しているが，むずかしい問題には誤答していることがわかる。一方，生徒Bは，3番のようにやさしい問題を誤答しているかと思えば7番のようにむずかしい問題には正答しているといった特異なパターンであることがわかる。つぎに，それぞれの生徒について，左からそれぞれの生徒の正答数だけ数えたところに区切り線を入れる。このようにすることで，自分の達成水準に対してやさしい問題なのに誤答したとか，むずかしい問題なのに正答したなどの情報を得ることができ，単なるウッカリミスなのか，偶然の正答だったのかなど，正答・誤答の質を解釈する際に役立つ。この区切り線を全生徒分つなぎ合わせると，生徒の得点分布曲線となる。この曲線をStudentの頭文をとってS曲線と呼んでいる。すなわち，S曲線を見れば，各生徒の達成度，クラスの達成度の分布や平均水準などが一目でわか

ることになる。

　これを，今度は得点が高い順に行を並べ替え，縦に表の上からそれぞれの問題の正答数だけ数えたところに区切り線を入れる。このようにすることで，問題の難易度に対して，この問題はやさしい問題なのに達成水準の高い生徒が誤答しているとか，むずかしい問題なのに達成水準の低い生徒が正答しているなど，問題の質を解釈する際に役立つ。このことが，問題の善し悪しや，指導法，教材の善し悪しなど，指導者側の評価（自己反省）をする際に役立つ。この区切り線を全問題分つなぎ合わせると，問題の正答数（正答率）の分布曲線となる。この曲線を Problem の頭文字をとってＰ曲線と呼んでいる。すなわち，このＰ曲線を見れば，それぞれの問題の正答率とその分布を一目で読み取ることができる。このようにして，行を上から生徒の得点の高い順に，列を左から問題の正答者数の多い順に並べ替えた項目得点表のなかに，Ｓ曲線とＰ曲線を書き入れたものをＳ－Ｐ表と呼んでいる。筆者が公立の中学校で授業実践をしたデータを基に作成したＳ－Ｐ表を表 6.3 に示す。実線がＳ曲線，破線がＰ曲線である。

Ｓ-Ｐ表の見方

　つぎに，Ｓ－Ｐ表の見方について，説明していこう。
① Ｓ曲線は累積得点分布である。
② Ｓ－Ｐ表全体に占める面積の，Ｓ曲線より左上の面積（Ｐ曲線の上側の面積）が占める割合は，クラスの平均正答率を表している。表 6.3 の例では 4 割程度であることが図から読み取れる。
③ Ｓ曲線の位置から生徒の達成水準を，形から達成度（点数）の分布を読み取ることができる。Ｓ曲線の位置が右側にあるほど，達成水準が高いということがわかる。また，Ｓ曲線の縦の柱の位置とその高さから，この場合は，達成水準が低い生徒の得点分布がやや多く，中間層が少なく，達成水準が高い生徒の得点分布がやや多いという 2 山分布になっていることが形から読み

④ P曲線の位置から問題の正答率，すなわち，各々の問題に対するクラスの達成度（正答率）の分布を読み取ることができる。P曲線の位置が下のほうにあるほど，その問題は正答率が高いということがわかる。また，P曲線の横の柱の位置とその長さから，この場合は，正答率の高い問題の分布は少なく，正答率が3〜4割の問題の分布が多いということが形から読み取れる。

表6.3　S-P表の例

氏名	問題番号												計
	5	1	10	11	4	12	13	3	6	7	9	2	8	
P	1	1	1	1	1	1	1	0	1	1	1	0	1	11
C	1	1	1	1	0	1	0	0	1	1	1	1	1	10
K	1	1	1	1	0	1	0	1	0	1	1	1	0	10
Q	1	0	1	1	1	1	1	1	1	1	1	0	0	10
N	1	1	1	1	1	1	0	1	0	1	1	0	0	9
L	1	0	0	1	1	0	1	1	1	1	0	0	0	7
E	0	0	0	1	0	0	1	1	1	0	1	1	0	6
F	1	0	0	1	0	1	0	1	0	0	0	0	0	4
J	0	1	0	0	0	0	1	1	0	0	0	1	0	4
A	0	1	0	0	1	0	0	0	0	0	0	1	0	3
B	1	1	0	0	0	0	0	0	0	0	0	0	1	3
G	1	0	1	0	0	0	0	0	0	0	0	0	1	3
R	1	1	1	0	0	0	0	0	0	0	0	0	0	3
D	0	1	0	1	0	0	0	0	0	0	0	0	0	2
H	1	0	1	0	0	0	0	0	0	0	0	0	0	2
I	0	0	0	0	1	1	0	0	0	0	0	0	0	2
M	1	1	0	0	0	0	0	0	0	0	0	0	0	2
O	0	1	0	0	1	0	0	0	0	0	0	0	0	2
計	12	11	8	8	7	7	7	6	6	5	5	5	4	

⑤ S曲線の左上の0（誤答）は，比較的簡単な助言や指導で矯正できる誤りが多いのに対し，S曲線の右下の0（誤答）は，基本的に理解できていないような誤りが多く適切な指導が必要である。

⑥ S曲線とP曲線の離れ具合から，後述するテストの信頼性を読み取ることができる。一般的には，S曲線とP曲線が接近していると信頼性は高く，離れていると低くなる。ただし，両者が接近している場合でも問題がある場合があるので，詳細は佐藤（1998）[1]を参照していただきたい。

4．テストのつくり方—内容的妥当性と信頼性の高いテストづくり—

これまで見てきたことをふまえて，内容的妥当性と信頼性が高いテストのつくり方について説明することにしよう。

ある領域の学力を測定したいとき，内容がいかに妥当な問題群で構成されているのかというのが内容的妥当性の概念である。たとえば，数学の関数領域において，数学的な考え方を測定したい場合を考えてみる。このとき，測定ツールであるテストが，関数領域でしかも数学的な考え方を測定するような問題で構成されていれば，これは内容的妥当性が高いテストといえる。ところが，関数領域を測定するつもりで，ただ計算力のみを問うような問題で構成されたテストであったとすれば，これは内容的妥当性が低いテストということになる。

　そこで，具体的に，内容的妥当性が高いテスト問題を作成するためにはどうすればよいのかについて考えていくことにする。

(1) 内容的妥当性を高めるためには

① **教科内容の構造分析**

　テストにおける内容的妥当性を高めるためには，まずは，教科内容の構造分析を行い，単元を構成する学習要素を抽出して，それらに適切な見出しをつける。各学習要素間の関連構造を，教科内容の概念構造チャート（図6.2）として表現する。そして，この教科内容の概念構造チャートの各学習要素に対応させて学習目標を書き込み，それらを参考にしながらテスト問題を作成する。

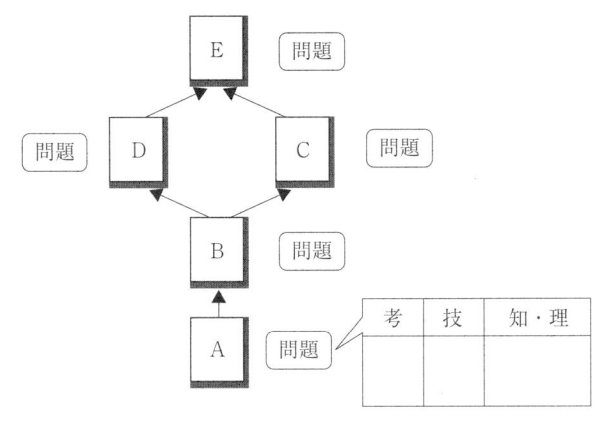

図 6.2　概念構造チャートの例

表6.4 測定内容マトリックスの例

測定内容	評価の観点			計
	数学的な考え方	技能	知識・理解	
もののかさの表し方	2	1(3)	1(1)(2)	4
いろいろな体積の単	・	・	・	5
まとめ	・	・	・	3
計	3	7	2	12

② 測定内容マトリクスの作成

教科内容の概念構造チャートの各学習要素に対応した問題を作成したのちに，表6.4に示すような測定内容マトリックスを作成する。表6.4は，算数・数学において，行に生徒指導要録における観点別評価の各観点をとり，列に学習内容を配列したものである。ただし，関心・意欲・態度については，テスト形式で測定することは困難であると考え，ここでは省略してある。この測定内容マトリクスに，作成したテスト問題の番号を書き入れていくことでテスト問題の内容と評価の観点とのバランスを見ることができる。この表を見ながら，問題の追加，削除をし，再度，問題のつくり直しや再構成をしていく。

以上の作業を繰り返すことで，内容的妥当性が高いテストを作成することができる。

(2) 信頼性を高めるためには

テストにおける信頼性とは，測定論的・統計的な意味での特性で，対象となる集団をまんべんなく，かつ精度よく測定しているかという概念である（佐藤1997）。たとえば，同じ単元で同じ達成度目標に対して，その達成度を測定しようとした場合，Aのテストでは60点，Bのテストでは90点という測定結果が得られたとすると，これは，信頼性が低いテストということになる。AもBも信頼性が高いテストならば，ともに同じくらいの点数を示すはずである。

また，本来の学力は70点であるのに，テストで測定した結果は30点であっ

たとすると，40点もの誤差があることになり，これも信頼性が低いということになる。テストの信頼性を表す指標として信頼性係数がある。ここでは，専門的なことは割愛するが，一般的な学力テストの場合，専門家がつくったテストでも偏差値に換算して3～4点の誤差がある。ましてや，テスト理論を学んでいない人がつくると，偏差値に換算して6点前後の誤差が生じていることは，稀なことではない。そこで，信頼性が高いテストを作成するためには，具体的にどのようにすればよいのかについて考えていくことにする。

信頼性を高める問題構成

テストの信頼性を高めるためには，以下のような条件を満たすようにテスト問題を構成するとよい（佐藤，1997）。

① 問題項目数が少なくとも30問以上であること（問題項目数が多いほど，信頼性は高くなる）。
② やさしい問題からむずかしい問題へ，学習した順に出題すること。
③ 得点分布が有効幅（0～100点）に十分，分布していること。
④ 問題項目の正答率（通過率）分布が，平均正答率50～60％の問題項目が多く，それを中心に，正答率が低いあるいは高い問題項目になるにつれて，問題項目数が少なくなるように配分すること（図6.3）。ただし，選択肢テ

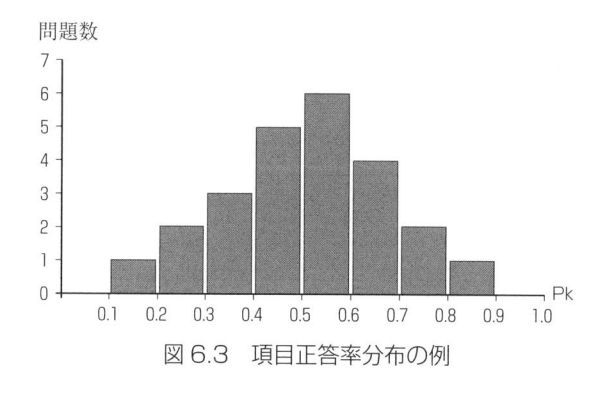

図6.3　項目正答率分布の例

ストの場合は，偶然得点を考慮して，平均正答率をやや高くして5者択一問題50題で構成されたテストの場合で65%前後に設定すること。
⑤ 問題項目 k の正答率 Pk は，$0.1 \leqq Pk \leqq 0.9$ であること。やさしすぎる問題項目とむずかしすぎる問題項目は，測定ツールとしては機能しない。たとえば，2V の電圧を測定したいのに1V計で測定したり（やさしすぎる問題），あるいは，1kV計で測定（むずかしすぎる問題）するのと同じである。

これらのことを実行しようとすると，テスト問題のデータベース化が必要である。それぞれのテスト問題に，問題項目の正答率，問題作成者のコメント，使ったあとのコメントなどを添付しておき，検索しやすいようにしておくとよい。このようにすることで，過去のデータと比較でき，これからつくろうとしているテストの問題項目の正答率分布をある程度，意図的に操作することができる。そのなかで，過去のデータやコメントなどを参考に，問題を改善していく。これらのことを繰り返していくことで，信頼性が高いテストを作成することができると考えられる。

（長谷川勝久）

ワーク

1. 各自が専攻する免許教科において，指導要録における評価の観点を書き出し，それぞれの観点はどのような学力を測定すればよいのかを，教科としての大きな枠で捉えた場合と，各単元での枠で捉えた場合とに分けて表にまとめてみよう。各単元での枠は，どれか1つの単元を選んでやってみよう。各自で作成した表を基に，3～5人のグループを組み，グループ内で各自の考えを発表しあい，グループとしての表をつくってみよう。
2. 各自が専攻する免許教科において，1で選んだ単元を取り上げ，実際に，教科内容の概念構造チャート，測定内容マトリックスを作成して達成度テストを1と同様にグループで協議しながら作成してみよう。
3. 表6.5のデータは，筆者が公立中学校の教諭をしていたときに実施した達成度テストのデータである。これをもとに Excel で S-P 表を作成して，クラスの得点分布，項目正答率分布，注意すべき生徒，問題などについてグループで話し合ってみよう。

表6.5 達成度テストのデータ

氏名	問題番号														計
	1	2	3	4	5	6	7	8	9	10	11	12	13	14	
A	0	1	0	1	1	1	1	0	0	1	1	0	0	0	7
B	1	1	0	0	1	1	1	1	1	1	1	1	0	0	10
C	0	1	1	1	1	1	1	1	0	1	1	0	0	0	9
D	0	1	1	1	0	1	1	1	0	0	1	1	1	0	9
E	0	0	0	1	1	1	1	1	1	1	1	1	0	1	10
F	0	1	0	1	0	1	0	0	0	1	0	0	0	0	4
G	0	1	0	0	0	0	0	0	0	0	0	0	0	0	1
H	0	1	1	1	0	0	0	0	0	1	1	0	0	0	5
I	0	1	0	1	0	1	0	1	1	1	1	0	0	0	7
J	1	1	1	1	0	1	1	0	0	0	0	0	0	0	6
K	0	1	1	1	1	1	1	1	0	0	1	0	0	0	8
L	0	0	1	0	1	1	0	1	1	1	1	1	0	0	8
M	0	1	1	1	0	1	0	1	1	1	1	0	1	0	9
N	0	1	0	1	1	1	0	0	0	1	1	1	1	0	8
O	1	1	1	1	1	1	1	1	1	1	1	1	1	1	14
P	1	0	1	1	1	1	1	0	0	0	1	0	0	0	7
Q	1	1	1	0	1	1	0	1	0	1	1	0	0	0	8
R	1	1	1	1	1	1	1	1	1	1	1	1	1	1	14
S	1	1	1	1	1	1	1	1	1	1	1	1	1	1	14
計	7	16	12	15	12	17	13	13	6	12	17	9	5	4	

注
1) 佐藤隆博『コンピュータ処理によるS-P表分析の活用法』明治図書, 1998年.

引用・参考文献

長谷川勝久「数学科の教材開発と達成度評価問題例」『教育科学 数学教育』明治図書, 1999年10月号～2000年3月号, pp. 83-93
佐藤隆博『学力テストの得点の取扱い方』明治図書, 1997年
佐藤隆博・齋藤昇・長谷川勝久『中学校数学科の教材開発』明治図書, 1999年

Part.4 社会性・対人関係能力

1 教師に求められる資質と「社会人基礎力」

1．メディア革命と大学の運命

　知のメディアとしての大学は，じつは一度「死んで」いる。「12～13世紀に『都市の自由』を基盤に『知の自由』をダイナミックに抱え込んだ協同組合的な場として誕生した大学は，近代世界が形成されてくる歴史のなかで一度は死んだのである」[1]。その死因をここで詳論している余裕はないが，キリスト教会を基盤とする中世の大学は，宗教改革の時代に「自由な学知」の場としての地位を低下させ，活版印刷の発明というメディア革命は，大学などもはや必要としない仕方で近代的な科学や人文知の発展を可能にしたのである。

　しかし，19世紀初頭のドイツにおけるフンボルトの大学改革の成功によって，大学は「第二の誕生」を迎える。ナポレオンがヨーロッパ大陸を制圧する状況下で，次世代を新しい国家建設に向かわせようとするナショナリズムが高揚していたドイツにおいて，「研究と教育の一致」というフンボルトの理念を掲げたベルリン大学が誕生したのである。フンボルト＝国民国家型の大学は，その後中心をアメリカに移して「史上最大の研究教育体制にまで成長していく」[2]。

　だが，20世紀後半もその半ばを過ぎたころから，大学の「第一の死」をもたらした状況と似たような状況が訪れてはいないだろうか。フンボルト＝国民国家型大学の基盤である国民国家を前提とする国際関係は，押し寄せるグローバリゼーションの大波に揺るがされており，20世紀に急速に成長した視聴覚メディアやその後に登場した電子メディアなどによるメディア革命の進行は，あらためて知のメディアをめぐる状況に大きな地殻変動をもたらしている。

2．大学の「質保証」

　ヨーロッパでは，1987年から「エラスムス計画」という高等教育の国際化のためのプロジェクトが進められている。経済統合を実現したEU（ヨーロッパ連合）が，加盟国相互間における学生の勉学や職業の機会，教員の教育や研修の機会の拡大を通じて，さらなるヨーロッパの統合を推し進めようとしているのである。この計画を推し進めるため，1999年には，学位制度，カリキュラム，教育の質保証（quality assurance）の共通化などに関する「ボローニャ宣言」が採択された。

　高等教育の質保証，すなわち大学を卒業した者が大学教育を通じて何を獲得したかを大学自身が示すことを求める動向をグローバル化するものとして，近年，OECD（経済協力開発機構）は，AHELO（Assessment of Higher Education Learning Outcomes）という高等教育の学習成果の評価の導入を進めている。AHELOには，専門分野の学習成果だけでなく，「汎用的技能（generic skill）」が含まれており，分析的推理，批判的思考，問題解決などを評価するとしている。

　次世代の育成を掲げることで復活した大学が，あらためて「質保証」ということをいわざるをえないということそれ自体が，逆説的に大学の危機感の現れであるのかもしれない。「質保証」のできない大学は要らないということにとどまらず，大学という制度それ自体の存在理由を大学自らが社会が納得するような仕方で示せないなら，まさに「第二の死」が待っているということなのかもしれない。

3．「社会人基礎力」と「学士力」

　「社会人基礎力」という言葉は，経済産業省が企業の経営・人事担当者，教育関係者，NPO，行政など，産官学の有識者を集めて発足させた「社会人基礎力に関する研究会」（座長・諏訪康雄法政大学大学院教授）によって2006（平

```
1．前に踏み出す力（アクション）
  主体性：物事に進んで取り組む力
  働きかけ力：他人に働きかけ巻き込む力
  実行力：目的を設定し確実に行動する力
2．考え抜く力（シンキング）
  課題発見力：現状を分析し目的や課題を明らかにする力
  計画力：課題の解決に向けたプロセスを明らかにし準備する力
  創造力：新しい価値を生み出す力
3．チームで働く力（チームワーク）
  発信力：自分の意見をわかりやすく伝える力
  傾聴力：相手の意見を丁寧に聴く力
  柔軟性：意見の違いや立場の違いを理解する力
  状況把握力：自分と周囲の人々と物事との関係性を理解する力
  規律性：社会のルールや人との約束を守る力
  ストレスコントロール力：ストレスの発生源に対応する力
```

図1.1　社会人基礎力

出所：『批判的思考力を育む―学士力と社会人基礎力の基礎形成』p.38

成18）年2月に「職場や社会の中で多様な人びとと共に仕事をしていくために必要な基礎的な力」として発表されたものである。それは「前に踏み出す力（アクション）」「考え抜く力（シンキング）」「チームで働く力（チームワーク）」という"3つの力"から成るとされ，それらを構成する具体的な能力要素として「主体性」「課題発見力」「発信力」などがあげられている（図1.1参照）。

これに対して，先に述べたような高等教育の「質保証」のグローバリゼーションに対応すべく文部科学省ラインから提起されているのが「学士力」である。2008（平成20）年12月の中教審答申「学士課程教育の構築に向けて」においてこの言葉が提起されているが，そこでは「汎用的技能（generic skill）」は，「知的活動でも職業生活や社会生活でも必要な技能」と説明されている。

「学士力」における「汎用的技能」の位置づけについて，文部科学省から審議依頼を受けた日本学術会議は，2010年7月の「大学教育の分野別質保証の在り方について」において，「汎用的技能」を強調するあまり，「個々の専門分

野が本来有する固有の意義が十分顧みられないようになることは望ましくない」という指摘を行っている[3]。だが、経済産業省による「社会人基礎力」と「学士力」の関係の説明（表1.1参照）を見ると、「社会人基礎力」育成を取り入

表1.1 「社会人基礎力」と「学士力（例）」の関係

学士力（例）			「職場や地域社会で必要となる能力」でいうと
知識・理解	専攻する特定の学問分野における基本的な知識を体系的に理解	多文化・異文化に関する知識の理解	専門知識、基礎学力、人間性・生活習慣など
		人類の文化、社会と自然に関する知識の理解	専門知識、基礎学力、人間性・生活習慣など
汎用的技能	知的活動でも職業生活や社会生活でも必要な技能	コミュニケーション・スキル	基礎学力、発信力、傾聴力、柔軟性など
		数量的スキル	基礎学力など
		情報リテラシー	基礎学力など
		論理的思考力	基礎学力、課題発見力、計画力、創造力など
		問題解決力	基礎学力、主体性、実行力、課題発見力、計画力、創造力など
態度・志向性	自己管理力		主体性、実行力、計画力、ストレスコントロール力、人間性・生活習慣など
	チームワーク、リーダーシップ		主体性、働きかけ力、実行力、計画力、発信力、傾聴力、柔軟性、情況把握力、規律性、ストレスコントロール力、人間性・生活習慣など
	倫理観		基礎学力、主体性、実行力、規律性、ストレスコントロール力、人間性・生活習慣など
	市民としての社会的責任		基礎学力、主体性、実行力、規律性、ストレスコントロール力、人間性・生活習慣など
	生涯学習力		基礎学力、主体性、実行力、計画力、人間性・生活習慣など
総合的な学習経験と創造的思考力	自らが立てた新たな課題を解決する能力		専門知識、基礎学力、主体性、課題発見力、計画力、創造力など

注：「学士力（例）」は文部科学省（中央教育審議会）による
出所：『社会人基礎力　育成のための手引き―日本の将来を託す若者を育てるために』p.63

れるメリットとして,「学生の能動的学習を一定以上に保つため,大学・教員サイドの教えすぎを抑えるバランス維持装置の役割を果たす」ということをあげていて興味深い。学問継承の場でもある「大学の授業はどうしても知識重視,一方向的なものになりがち」であり,「社会人基礎力」は,「未消化の知識を生む,効果の低い授業をチェックするのに有効な視点にな」[4]るとして,むしろ「個々の専門分野が本来有する固有の意義」を強調しすぎることに抑制を求めているようにみえる。

経済産業省の「社会人基礎力」は,大学教育だけに対象を限定しているわけではないが,「経済産業省モデルプログラム開発事業」を全国19大学で実施しており,大学教育の「質保証」に積極的に関与しようとする姿勢は明白である。日本における両官庁の力関係を勘案するなら,国内での高等教育の「質保証」の取り組みは,より経済界の要求をダイレクトに反映している「社会人基礎力」を軸に進められようとしていると考えられる。

4.「社会人基礎力」をどう受けとめるか

タイトルにある「社会人基礎力」という言葉について長々と解説してきたが,何のためにそうしたのかといえば,この言葉が大学教育の「質保証」のためのものであるということ,つまりこの言葉は大学を評価するためのものであって,個々の学生を評価するためのものであるわけではないということを確認するためである。

むろん大学は,その教育の質を,個々の卒業生の資質を通してしか証明することはできないのだから,結局,個々の学生がどれくらい「社会人基礎力」を備えているか評価されることになり,同じことだと思うかもしれない。その側面から考えるかぎり,それはそのとおりであり,その評価が個々人に及ぼす影響が甚大であることもまた否定しようのないことである。

だが,別の角度からこの問題を見てみると,個々の学生は,別に大学の教育の質を証明するために存在しているわけではない。4年間面倒を見てきたのだ

から多少は恩義を感じてもらってもいいかもしれないが，大学に代わってその教育の質を証明する責任を負わされるいわれはないのである。

　社会が要求しているのだから，企業が要求しているのだから，図1.1に乗っている「力」を身につけるほうが就職に有利だと考えるのは当然だし，実際にそういう効用を期待することができるだろう。実際，大学のキャリア教育やキャリア・ガイダンスの場でもそういうことが強調されるにちがいない。だが，大学教育の質を評価するための一覧表に合わせるために自己形成するようなことになったら，それは本末転倒なのではないか。

　教育の目的は，多様な個性と資質をもった一人ひとりが，それぞれの目的に沿ってそれぞれの力を伸ばすのを手助けすることにあるのであって，工場のように画一的な品質の製品を製造しているわけではない。社会に出て，その一員として生きていく以上，社会からどのようなことを期待されているかを知るための目安として，こういう一覧表を参考にすることは必要であり，そうするなかで自分の長所や短所を知り，伸ばしたり改めたりする努力も有益である。しかし，「望ましい」資質の一覧表に振り回されて一喜一憂したり，自信を失ったりすることは，むしろ害のほうが多いだろう。

　就職活動は，しばしばお見合いにたとえられる。結婚相手を選ぶときに容姿や収入をある程度気にするのは当然の人情であるように，就職活動において，まず給料や社会的知名度などにこだわることから始めるのも一概に責められることではない。しかし，いわゆる婚活において，容姿や収入だけが目的で相手の人柄に関心をもたないような人は，そういう行動をすること自体が相手からすれば魅力のない人間に見えるように，就職活動においても，給料や社会的知名度だけにしか関心がなく，相手企業の業務内容や自分の資質とその業務との相性といったようなことについて真剣に考えないまま，有名企業にばかり応募しているような人は，"相性のいい相手"と巡り合うチャンスを自ら逃してしまっていることが少なくない。

　たとえ話をしていて話が横道にそれてしまったが，外から与えられる評価を

基準としてそこに自分を当てはめるのでなく，自分を客観視するための手がかりとしつつ，自分自身や自己と他者（社会）の関係を見つめ直し，自分にふさわしい場所を見いだしていくとき，じつはそのプロセスにおいて，自分に必要な「社会人基礎力」が備わっていくのではなかろうか。

5．「社会人基礎力」と教師の資質

　ここまで「社会人基礎力」について述べてきたわけであるが，じつは学習指導要領が求めている「生きる力」や「活用力」は，「社会人基礎力」が出てきた同じ歴史的・社会的文脈から出てきている。OECDは新しい教育指標を表す用語としてコンピテンシー（competency）という概念を用いているが，この概念は，仕事で高い業績をあげている人の行動特性の分析から導き出されたものであり，それによればその人が身につけている知識や技能，資格などは仕事の業績の高低とあまり相関がなく，むしろ意欲や態度を含むその人自身の生き方や行動の根源的な特性との間の相関が高いのだという。教育評価の分野において「真正の評価（authentic assessment）」ということが強調されるようになってきているのも同じ文脈からであろう。

　日本においては旧態依然たる大学入試が歯止めとなっていて，大学以外の学校においては，こうした状況と正面から向き合おうとする意識は全体としてまだまだ希薄である。しかし授業崩壊の広まりや，「学びからの逃走」と呼ばれることもある全体的な学習意欲の低下の底流では，社会が学校に求めるものと学校が提供しているものとの深い乖離が進行しつつあり，そのことが教師の仕事を以前よりも遥かにストレスの多いものとさせている。受験学力さえつけておけばよいという状況が続いていることも不健全だが，少子化の深まりによって大学の淘汰が進めば，深部で進行している地殻変動が表面化して，深刻さを一層増したかたちで，社会における学校の存在意義をかけた問いへの対応を迫られることになるだろう。

　学生から教師になるということは，社会が求める資質を要求される側から要

求する側になることを意味する。そのとき,「質保証」が求められているのは,「教育する側であって教育を受ける側ではない」ということのもつ意味が,自分にとって反転する。そのことを深く受け止め,いかなる状況にあっても子どもたちの側に立ってその「権利としての教育」の実現に努めることができるかどうかということが,これからの教師に求められる資質であろう。(平野和弘)

ワーク

1. 本文中に,大学教育において「個々の専門分野が本来有する固有の意義」と「汎用的技能」のどちらを強調すべきかということについて異なった見解があることが述べられているが,このことについての自分の考えを800字以内の小論文にまとめなさい。
2. 「質保証」を求められているのは,「教育する側であって教育を受ける側ではない」ということについて,具体的な学校教育の場面を各自で思い浮かべて考えてみよう。また考えたことを出しあって話し合ってみよう。

注
1) 吉見俊哉『大学とは何か』岩波書店,2011年,p.66。
2) 同上,p.79。
3) 楠見孝・子安増生・道田泰司編『批判的思考力を育む―学士力と社会人基礎力の基盤形成―』有斐閣,2011年,p.33。
4) 経済産業省編『社会人基礎力 育成の手引き――日本の将来を託す若者を育てるために』朝日新聞出版,2010年,p.63。

引用・参考文献

ライチェン・サルガニク編著/立田慶裕監訳『キー・コンピテンシー――国際標準の学力をめざして』明石書店,2006年

2　保護者・地域社会とのコミュニケーション

1．保護者・地域社会とのコミュニケーション

　東日本大震災の際，被災各地で多くの学校が避難所として地域のコミュニティを支えたことを聞いたことがあろう。そもそも近代学校は，地域住民の思いや願いを背景に創立され，創生期には，施設を住民の会合の場として提供したり学校行事の際に住民を招待したりするなど，その活動を地域に根ざして展開することが多かった。子どもの教育には学校だけでなく，家庭や地域社会の力が必要であることはいうまでもない。かつての村落共同体がもっていた教育的継承が断絶したり核家族化が一般化したりすることで，地域の教育力や家庭の教育力は低下したといわれる。家族のあり方も一様ではなくなった。

　一方で，知識基盤社会の到来は，グローバル化による価値観の多様化を生み，子どもたちに他者や社会に対して積極的に働きかける態度や価値の差異を受け入れ認め合って社会に生きる力を求めるようになった。学校教育の担う範囲は，かつてに比べて拡大傾向にある。

　近年，地域や保護者の学校および教師に対する評価は厳しくなっている。このことは学校教育に対する期待の裏返しと捉えることもできようが，地域や保護者との円滑な関係を築きあげ，教育の効果が一層高まるようにしていくこともまた教師にとって必要な資質能力の1つであることはいうまでもない。

（1）　地域コミュニティとの関わり

　地域に開かれ，信頼される学校づくりのためには，学校全体としての取り組みが有効である。全国学力・学習状況調査には「調査の問題冊子等や独自の調査等の結果について，保護者や地域の人たちに公表や説明をしましたか」「調査や学校評価の結果等を踏まえた取組を保護者等に働きかけましたか」という項目がある。学校における教育活動は，保護者や地域の人たちに公表したり説

明したりする責任（説明責任）を伴うものである。

　たとえば，地域の人々とともに学校運営にあたっていくという考え方から生まれた学校評価は，学校教育法施行規則に基づく学校評議員制度によって，評議員が校長の求めに応じて個人としての立場で学校運営に関する意見を述べるものである。

　また，地域の人材を活用して，ゲストティーチャーとして招くことで，彼らのもつ知見や技術などを子どもたちの学習に生かすことも有効な方法となる。さらに，異世代交流の観点からも得るところは大きい。

(2)　保護者との関わり

　保護者は，どんなときに学校や教師に対して不信感を抱くのだろうか。

　子どもの教育は，家庭教育に始まる。家庭教育は教育のスタートであり，愛情をかけて育ててきたわが子が学校でさらに成長することを望まない保護者はいないだろう。核家族が基本となった現代では，子育ては親にとっても未知のことが多く試行錯誤の繰り返しなのである。その分，教育の専門家である学校や教師への期待は大きい。それだけに，日ごろから保護者との信頼関係を築いていくことが大切である。近年では，学校に対して自己中心ともいえる理不尽な要求をする親を意味するモンスター・ペアレントなどという語も出現しているが，ひとたびトラブルに発展すると，教職員や学校は，その対応に膨大な時間を奪われることになる。トラブルを未然に防ぐためには，①日ごろから家庭（保護者）との連絡を密にとり信頼関係を築いておくこと，②一人でかかえ込まずに同僚に報告や相談をすること，③初期の対応を的確に行うことが大切である。

① 保護者との関係づくり

　思春期，反抗期，青年期に入った子どもとの関係は，長年その生育をともにしてきた保護者にとっても対応がむずかしいものである。家族との関わりも，一人でいる時間が増えたり言葉少なになったりする。このことを保護者の立場から捉え直してみよう。家を出たあとの子どもたちは，保護者が関わることが

少なくなる学校という空間でどんな生活を送っているのだろう，どんな言動をとっているのだろうと，多くの保護者はそのような思いでいるにちがいない。学年通信や学級通信を発行することで学校や学級の様子を伝えるのもよいだろう。学級通信は，子どもにこうあってほしい，こう育ってほしいという担任としてのメッセージを届けるのに最もよい方法である。定期的に出しつづけることで，保護者の閲読率が上がり，より細やかなメッセージや改善したいことも書けるようになる。

　また，学年や学級主催の保護者会（懇談会）や授業参観を開くことで説明をしたり，個別の面談などで対応することもある。

② 保護者宛の文書作成

学校・教師と保護者との関係は，社会的な関係である。家庭との連絡を公的

```
                                            ○○第○○号
                                          平成　年　月　日
第1学年○組保護者　様
            ○○立○○学校　第1学年年○組担任　○○　○○

            第1学年○組保護者会の開催について（お知らせ）

　○○の候　時下ますますご清栄のこととお慶び申し上げます。日頃は本
校の教育活動にお力添えを賜り有り難うございます。
　さて，第1学年○組の保護者会を下記のとおり開催します。ご多忙とは
存じますがご出席くださいますようご案内申し上げます。

                         記

  1　日時　　平成○年○月○日（○曜日）午後○時から午後○時まで
  2　場所　　第1学年○組教室
  3　内容　（1）　生徒の近況について
          （2）　進路指導について
  4　その他　出席表を同封しましたので，○月○日までにご提出ください。
```

図2.1　文書例　「保護者会の案内」

な文書で行うことも多い。学校からの文書は学校を代表するものである。たとえば担任から保護者宛の文書を作成する場合であっても、原則として、学年主任、教頭を経て、校長の承認を得てから発送する。作成に当たっては、伝えようとする内容を漏れなくし、簡潔・明瞭・正確を心がけ、誤字・脱字・あて字などがないよう十分注意したい。

③ 相談・苦情を寄せた保護者への対応

学校生活においては、子どもをめぐるトラブルはないほうがよい。だが、実際には、子どもへの指導場面や保護者への対応場面ではないことのほうが珍しい。トラブルは起こりうるものとして発想の転換を図り、事態への対応力や教育的実践力を身につけたい。

保護者から相談や苦情の連絡が入ったとき、どう対応したらよいだろうか。この場合、保護者の訴えを傾聴する態度が大切である。そして、保護者の相談や苦情の裏側にある感情（不安、疑問、怒り）に寄りそいながら応対することである。その過程で、保護者の言いたいことを見極めながら、なるべく多くの必要な情報を入手していこう。応対後は速やかに、保護者の言い分を整理し、そのほかの情報を得ることで客観的事実をまとめて事後の資料とする。相談の内容によっては記録をもとに報告書を作成して、同僚に相談したり管理職へ報告する。「報連相（ほうれんそう）」という言葉を聞いたことがあろう。教師として学校生活を送る場合、組織の一員として校務分掌を受けもつという認識が必要となる。保護者対応においても一人でかかえ込むことなく、学年主任や管理職、あるいは同僚教師への報告、連絡、相談は欠かせない。

① 記録を取ること
② 保護者の訴えを傾聴すること
③ 保護者の相談や苦情の裏側にある情緒や感情（不安、疑問、怒り）に寄りそうこと
④ 保護者の言いたいことを見極めながら、なるべく多くの必要な情報を得ること
⑤ 保護者の言い分を整理し、そのほかの情報を得ることで客観的事実で説明

できるようにすること

　ここで，事例に即して考えてみよう。以下の逐語録は，ロールプレイ——保護者からの相談を受けた教師役の M さんの対応——の様子をまとめたものである。逐語録をもとにしながら，実際に保護者の苦情や相談に対応する場合に必要となる知見や技量の補完を図り，今後の実践の展望を明らかにしていこう。

【概　要】
　ある保護者から，子どもが教室に置いておいた教科書がなくなったとの電話連絡があった。盗難に遭った可能性が高く，子どもはいじめられているのではないかと主張している。教科書などは持ち帰りが原則であるが，当該生徒は，日ごろから教室に置いたままのことが多かった。

保護者1：先生，お忙しいところすみません。実はうちの息子が教室に置いておいた教科書がなくなったというんです。今までこんなことはなかったのですけれど……。先週あたりらしいんですが，今ごろになっていうもんですから。
教師 M1：そうでしたか。W 男さんからの報告は受けておりませんが。
保護者2：あら，先生ご存知じゃなかったんですか。やはり誰かにいじめられているのでしょうか。
教師 M2：いえ，それはないと思います。あのお……，教科書は持ち帰りが原則になっていることはお母さんもご存知ですよね。
保護者3：はあ。先生，うちの子は学校ではちゃんとやってるんでしょうか？　友だちとはうまくやってるでしょうか？　このごろあまり話してくれないし……。成績も下がっていますし……。
教師 M3：そうですか，お母様にしてみれば W 男君が学校でどうしているか，気になりますよね。
保護者4：そうなんですよ。どうもこのところ様子が変なもんですから気になって……。
教師 M4：そうですね。心配ですね。W 男君とは機会を見つけて面談してみましょう。ゆっくりと話をしたいと思っていたところでした。友だちとの関係についても，明日さっそくクラスの友人や部活動の友人にそれとなく確認をしていきたいと思います。
保護者5：そうしていただけますか。どうぞよろしくお願いします。

保護者からの電話相談への対応という設定でのロールプレイである。場面指導の対応には，教師としての日ごろの取り組みや教育的な価値観，教師としてどう判断し対応するかの力量が表われるものである。保護者対応には，カウンセリングマインドを用いて，相談者に寄り添いながら情報を収集し，的確な対処が必要とされる。

　「報告を受けていない」「それはない」という教師M1，M2の対応は，たとえ事実がそうであろうとも，もう少し相談者に寄り添う発話が必要であろう。「知らなかった」「聞いていなかった」という何気ない一言は，担任への信頼を失いかねない。またM2で保護者の言い分を即座に否定することは，「教科書の持ち帰りというルールを守ることが大切」という発言は正論ではあるのだが，教科書がなくなり，誰かにいじめられているのではないかと心配する保護者に対して，持ち帰らなかった者が悪いとの受けとめ方をされてしまいかねない。「そうでしたか，それは心配ですね。私も気になっていました」と応答したらどうだっただろうか。保護者からは異なる反応があったにちがいない。
M4では「そうですね。心配ですね」と教師役が保護者の訴えを肯定的に受け止めている。このことにより，保護者の主訴がわが子との関係を密にしたい，わが子の成績をよくしたいことにあることがわかる。

　教科書の持ち帰りについては，保護者からの主訴が解決したのちに十分指導が可能であろう。
(渡辺通子)

ワーク

1．年度初めに出す学級通信第1号の編集案を話し合い，作成してみよう。
2．逐語録を参考にしながら，応対した電話内容について，管理職への報告書をまとめてみよう。

| 課 題 | ：応対した電話内容について管理職への報告書をまとめる |

　　　　　　　　　　　　　　　　　　　学生番号　　　氏名

日　時 氏　名	平成　年　月　日　午前・午後　時 ○○　○○	
○	内　容	苦情の内容（主訴）はどういうことであったか
○	原　因	苦情申し立ての発端や原因はどんなことであったか
○	要　求	保護者の要求・要望はどのようなことか
○	対　応	保護者の苦情にどのように対応し，どういう回答をしたか
○	課　題	特に気がかりな点は何か

引用・参考文献

文部科学省「平成 24 年度　全国学力・学習状況調査」
仙台市立七北田小学校編『地域共生科　学習の手引き』2012 年

3　教師のための情報コミュニケーション

1．情報化社会の到来

　URLとは情報の所在を示すもので，現実社会の住所にあたる。このURLには一定のルールがあり，最初の「http:」は通信を行うためのプロトコルの種類を指定している。このプロトコルによりWWWの情報がやりとりされる。コンピュータが実際に使用するのはIPアドレスと呼ばれるTCP/IPプロトコル群の一種であり，これはネットワーク上のすべてのコンピュータに与えられた住所と考えることができる。ネットワーク上のコンピュータは，このIPアドレスによって正確にお互いを識別する。このIPアドレスは数字で表されるために人間は記憶しにくいのでドメイン名と称される文字列形式のアドレスが使われる。この2つのアドレスは，DNSと呼ばれるデータベースによってコンピュータが使用するIPアドレスと人間が使うドメイン名に相互変換される。むろん後述する電子メールアドレスもドメイン名も世界に1つしか存在しない。

　コンピュータの基本操作を教員が行えるのは当然であるが，操作については近年では誰でも使えるように配慮されており，またマニュアルが多数出版されている。小学校でのインターネット接続率やコンピュータの普及台数も高くなり地域格差も是正されつつある。全国どこの学校でも小学校低学年でコンピュータに触れる時間があり，高速でインターネットに接続できる。文章作成や表計算，プレゼン用のアプリケーションの使い方などを教えることはもちろん重要であるが，頻繁に発生する情報漏洩やネットワーク犯罪についての科学的な分析ならび事例検証を行う必要がある。コンピュータウイルスや情報漏洩による問題は，年齢や職業を選ぶことなく誰もが加害者にも被害者にもなることがある。さらに情報収集や情報公開の手法とルール，あわせてコミュニケーションのツールとしての正しい知識や利用法を教員がもち，生徒を指導することが

望まれる。なぜならば，現代社会においては若者を中心にコミュニケーションの中心的な役割が，アナログな対話型から電子メールやツイッターなどを使うデジタルな対話型へ比重を移しつつあり，そのルールを学ぶことが必要不可欠な時代となっているからである。コミュニケーションツールの使い方を負の部分から取り上げれば，ネットいじめが学校裏サイトや掲示板などで繰り返されており，社会問題化している。一方，正の部分を考えれば欠席者への対応システム構築や新しい教育のデザインを提示，生徒の学習意欲の向上に結びつけるなどの効果が想定できる。

2．情報活用の実践力

　コンピュータの普及とそのネットワークの接続による社会の情報化は，これまでの通信のあり方のみでなく，社会生活や個人のあり方，ものの見方まで変化させている。学校においても学習方法やコミュニケーションの手法が，劇的に変化した。これからの教員は初等教育であれ中等教育であれ情報活用の実践力を身につけて，生徒へ対応能力をつけさせる義務がある。ここでいう情報活用の実践力とは，課題や目的に応じた情報手段を適切に活用することを含めて，必要な情報を主体的に収集・判断・表現・処理・創造し，受け手の状況をふまえて発信・伝達できる能力のことである。こうした能力は，むろん教科によってその利用度が変わるわけではなく，すべての教科担当者が身につけるべきものである。

　青空文庫は，国内において著作権が消滅した文学作品や著作権は消滅していないが著作権者が当該サイトへの利用を許諾した文学作品を収集・公開しているインターネット上の図書館である。2012（平成24）年8月現在，約1万冊の蔵書があり，1日の利用者数は平均7000人を超える。このようにネット上で無料で利用ができる書籍の数は日々増加しており，コストをかけずに勉強の機会を増やすことができる。米国のインターネット図書館やアマゾンのサイトでも無料で利用ができる蔵書は多く，読み上げ機能をもつ電子書籍用の端末を利

用すれば，英語学習の手法として予算に縛られることのない機会を多くの生徒へ提供できる。

(1) 検　索

インターネットを利用すれば，どのようなテーマでも多くの参考資料が入手できる。しかし，たんに検索サイトでキーワードを入力し上位に表示されるWEBサイトを利用するだけであれば複数の問題が生じる。たとえば，どれも似たようなレポートとして作成されるケースが考えられる。教員はあくまで調べた資料を参考に自分の意見を書くことを指導しなければならない。さらに，そのサイトが信頼できるものかどうかの判断力が必要とされる。個人のブログでの意見は学問的に参考に値しないものが多いし，勉強や研究の参考資料としては不適当なものが多い。複数のサイトを調べることやネットだけからの情報ではなく，該当するテーマの書籍を調べて読むことや新聞記事などちがうメディアからの情報を調査することで勉強の精度は向上する。たとえば，「国立国会図書館」のサイト[1]からは図書館所蔵資料から，国内刊行図書および洋図書の書籍情報を検索することができるし，1947（昭和22）年5月の第1回国会から会議録の検索や閲覧が可能になっている。

インターネットにはさまざまな情報源が混濁しており，参考資料や統計を利用する場合のマナーなどについての学習がされていないことから，著作権を侵害しWEBサイトの管理者からクレームが申し立てられるケースも起こりうる。著作権は，知的財産権の1つであり「思想又は感情を創作的に表現したもの」に対する権利を保護するための制度である。ネット上に存在し誰でも閲覧可能なものであっても作成者の権利が存在し，それを使うときには許諾が一般的には必要である。このように自らの意図にあわせて情報を主体的に収集するためには一定の能力が必要になる。

検索システムは現在 Google [2] が世界中で最も利用されているが，以前のようにキーワード検索を行うと短時間でWEBサイトが表示されるだけという仕組みではない。インターネットで提供される情報の約8割程度が英語で表記さ

れているといわれているが，英語を日本語に翻訳するサービスをほとんどの検索サイトが行っている。近年その精度が非常に高くなってきてはいるが，必ずしも正しい日本語には翻訳できていない。ただし，電子メールなどの短文では翻訳はかなり完成度が高くなり，米国の高校生とコミュニケーションを計ることができるWEBサイトやお互いの文化や勉強の成果を交換できるサイトなどを利用することで，今までにない成果や感動というインセンティブを授業に加えることができる。

(2) 電子メール

　生徒とのコミュニケーションのツールとして，電子メールは効果的であるといえる。携帯端末ではなくパソコンを使った電子メールならば，受けとった手紙を自由に加工することができるし，レポートを教員が添削して送り返すことが簡単に行える。質疑応答を電子メールを使って行うことが可能になるので，授業が活性化するだけでなく欠席者への補助的な役割を果たすことも考えられる。パソコンが自宅になくても近年普及著しい高機能型携帯端末（以下，スマートフォン）で同様のことが行える。利便性の高い電子メールであるが，手紙とちがってすぐに短文を送ることができるため，何の気なしに書いた内容が相手を傷つけたり，受け取る側の環境によっては文字化けをすることがある。全体で共有するためのメーリングリストにそのまま送信してしまったため，特定の個人だけに送る内容がクラス全員へ知られてしまい大きな問題に発展することなどもあり，教員は電子メールの特性を学びその正しい使い方を生徒へ指導する必要がある。インターネットでメールを送受信するには，そのためのソフトウェアが必要で一般的にメーラーと呼ぶ。メーラーがなくても電子メールの送受信は可能でブラウザのみで送受信できるのがWebメールである。自宅のコンピュータや学校のPC室，ネットカフェなどどこからでも利用ができる。生徒全員へ電子メールアドレスを付与する学校もあるが多くの場合，生徒は携帯端末のアドレスを利用するので転送設定など行わないと連絡が滞るケースが発生する。また携帯端末上で迷惑メールの設定などしていると学校から緊急連

絡をしても生徒へメールが届かない。

(3) 情報発信

ブログなどを作成するのは，ネット上で簡易マニュアルが存在するのでいまや誰もが情報発信を無料で手軽に行える。撮影した写真や動画を掲載，音声を録音すればブログからポッドキャスティングを始めることすらできる。学校で実施する自由研究やレポートをクラスのブログやホームページから発信することで，参加する生徒の意識を高め情報の管理や責任を学ぶことは重要であるが，教員にはその管理責任がある。WWW上で情報を発信するためには，まずHTMLファイルを作成しなければならない。ブログにツイッター[3]やフェースブック[4]をリンクさせることも簡単にできるようになっているが，他人の写真を無断で掲載したり，コメントをすることで批判を浴びいわゆる炎上する例があとを絶たない。

実際に，授業にSNS（ソーシャル・ネットワーキング・サービス）を取り入れてその効果を明らかに検証したケースは，国内ではあまり見ることができない。ツイッターやフェースブックを利用する中高生も多くなり，小学生低学年でもニコニコ動画[5]で情報を書きこむのも珍しくない。しかしツイッターでも他人を誹謗中傷したりする事例が数多く見られる。インターネットは手軽に誰でもが参加できる世界を広げたが，無料で開放しているということは外部からどんな人でも閲覧が可能で，個人的な意見を書き込めることになる。

3．情報の倫理

インターネットは，コンピュータの操作ができる人であれば誰でも世界中に情報を発信できる能力をもたらした。しかも発信者は匿名で，無責任な発言を繰り返すことも可能である。インターネットの普及は，同じ趣味や悩みをもつものを簡単に結びつける。それは，ときには楽しみや救いになったりするが，犯罪に結びつくケースも見られる。しかし倫理上明らかに問題があると思われる情報源に規制をかけても，すべてにかけきれるものでもない。さらに，どう

いった基準で規制をかけるかということについては,「表現の自由」との関連でむずかしい問題を発生させる。筆者は個人的には匿名性について否定的見解をもっている。匿名性であるから書けることがあるという意見について否定はしないが,ネット上ではしばしば「ハンドル」と呼ばれる仮名が用いられる。一人の人間が複数のハンドルを用いる場合もあり,その同一性を確認することは非常に困難になる。上記で匿名性について否定しないと述べたのは,社会問題化しているいじめに対する取り組みについて考えた場合,加害者に対する恐怖心から真実を教員や他人に伝えにくいケースでは匿名であるから事実を伝えられることが考えられる。ネットいじめの問題は現実社会の暴力事件などに注目しがちであるが,リアルないじめと並行して進行するケースも多々見られる。実際に発生した事例では以下のようなものが見られた。

- インターネットの掲示板や学校の裏サイト,ブログ,チャットなどに誹謗中傷を書かれる。
- 誹謗中傷目的で実名や個人を特定できる情報,顔写真などを出される。
- 本人になりすまして,個人情報や本人にとって不利益となる情報を流される。
- 携帯電話のメールで悪口を流される。
- 自分宛てに差出人を詐称した人物から攻撃的なメールが届く。

上記のような問題は日常的に発生しており,対応の仕方によっては通学に困難をきたすような結果となる場合もある。

ネット上で頻繁に発生する名誉棄損,誹謗中傷の多くは書き込みをする人物が匿名であることが背景で発生しており,その責任追及をきわめて困難にする。

わが国において 2005（平成 17）年から施行されている個人情報保護法は,生存する個人識別可能情報を「個人情報」と位置づけている。個人情報の保護制度は,個人情報が不適切に利用されることを抑止するためのものである。しかし情報化社会においては,個人情報は収集・保有・加工されているだけで重大な問題を引き起こす可能性がある。また情報発信を安易に行うと第三者が無

断で発信者の個人情報を取得し公開することがあり，ときに犯罪に結びつくケースがある。たとえば，撮影場所の位置情報が組み込まれるデジタルカメラを使用し，撮影した写真をブログに使用すると閲覧した第三者に位置情報を知られる可能性があり自宅住所を勝手に公開された事例がある。またツイッターでつぶやきを自宅で行うと履歴から自宅の住所を割り出すことも技術的には可能である。多くの場合，デジタルカメラ，スマートフォン，コンピュータであらかじめ位置情報が開示されないように設定をしておけば回避できるが，このような知識がないために問題が発生していることを教員は知らなければならない。

4．ネット犯罪

1984（昭和59）年に「コンピュータウイルス」という言葉が社会に登場したが，定義は「自身の複製を含ませようと他のプログラムを改変して感染していくプログラム」とある。ウイルスには現実世界同様，多様化した種類があるが電子メールの被害が多くみられる。最近では普及著しいスマートフォンでも感染が拡大し，ウイルスを忍ばせたアプリをダウンロードしたことから個人情報が漏洩する事例が発生している。ウイルスの被害を受けないためにはウイルスチェックソフトを導入することが効果的だが，それでも万全ではない。ウイルス作成罪は，正当な理由がないのに無断で他人のコンピュータにおいて実行させる目的でウイルスを「作成」したり「提供」したりした場合には，3年以下の懲役または50万円以下の罰金となる。また，正当な理由がないのに無断で他人のコンピュータにおいて実行させる目的でウイルスを「取得」または「保管」した場合には，2年以下の懲役または30万円以下の罰金になる。

2012（平成24）年6月に国会で可決され10月1日より施行された法案は，違法ダウンロードに刑事罰を導入する。改正法では，違法アップロードされたものを違法と知りながらダウンロードする行為に対し，懲役2年以下または200万円以下の罰金が科される。この法案では暗号によるアクセスコントロール技術が施された市販DVDやゲームソフトを，PCのリッピングソフト[6]や

マジコン[7]を使って吸い出す行為が私的複製の範囲外として違法行為になったが，果たしてどこまでが違法になるのかについて知識の伝達が積極的に行われていないことから，施行後に多くの混乱が発生する可能性が大きい。情報化の利便性は大きいが，利用の仕方によっては大きなリスクを誕生させている。教員は，子どもたちがネット犯罪に巻き込まれないように細心の注意をして，指導を行うことが望まれる。

（澁澤健太郎）

ワーク

1. 自分が担当するクラスにおいてメーリングリストを作成，教員と生徒間のコミュニケーションのツールとして使うことを決めた。どのような課題が発生することが想定されるか考えてみよう。
2. 保護者へ学校の情報を届け，より理解を深めてもらう目的で毎月1回のメールマガジンを同学年全員ならびに保護者へ配信したいと考えている。どのような効果が得られ，また課題が発生するかを書き出して話し合ってみよう。

注
1) 国立国会図書館（http://www.ndl.go.jp/）。
2) インターネットの検索エンジンの1つ。同エンジンを運営する企業の社名でもある。
3) 今していること，感じたことなどを「つぶやき」のような短い文章にして投稿するスタイルのブログサービス。
4) Facebook, Inc. の提供する，ソーシャル・ネットワーキング・サービス。
5) 株式会社ニワンゴが提供している動画共有サービス。
6) 音楽CDからデータを読み込み，コンピュータ上で使用できる形式に変換するアプリケーションソフト。
7) ゲームソフトを違法コピーできる機器または違法ゲームを楽しむための機器などの総称。

引用・参考文献
澁澤健太郎『コンピュータリテラシー入門』時潮社，2006年
山田肇監修『Information―情報教育の為の基礎知識』NTT出版，2003年
岡本隆・橘恵昭編著『情報化社会のリテラシー』晃洋書房，2005年

コラム ③　子どもと保護者の信頼を得るには

　新聞を開くと，「いじめ」「格差」「モンスターペアレンツ」「教育委員会」などの言葉が日々目に飛び込んでくる。教育問題を扱う記事の多くは否定的な内容が多く，これから教師をめざす人々にとって，教育現場は将来を託すにふさわしい場所なのかと不安に感じるのではないだろうか。しかし，現場ではマスコミで報道されるようなセンセーショナルな出来事が，常に起きていることはない。むしろ子どもたちと触れ合いながら日々の充実を感じつつ，明日の授業の予定や行事の取り組み方を模索している時間がほとんどである。

　私は小学校の教師として30年以上を過ごし，中高校の教師たちとさまざまな研究会や勉強会を通じて，自分の指導した子どもたちが卒業後どのような学習環境のなかで過ごすのかを見聞きしてきた。そこで語られるのは日常の子どもの姿と教師たちの取り組みの様子である。話題としてマスコミに登場しそうな内容も出てくることはあるが，ほとんどは授業の様子と生徒たちの反応，改善の方法を模索する姿であった。

　千葉県の県立高校で定年まで勤め，県内の私立高校へ再就職したある先生の話がとても印象的だった。高校に勤めていたころ，子どもたちに手を焼いている姿をたびたび見ていたし，問題が起きるたびに夜遅くまで指導していた話を何度も聞いていた。そのため，ようやく定年になったのだから再就職しないで，のんびり過ごすのかなと思っていた。しかし，再就職して再び教壇に立つ道を選んだのである。しばらくたってから，研究会終了後の雑談のなかで次のような言葉を聞いた。「子どもがかわいくてね。高校生といっても言ってることや，やってることはまだ子どもだからね」と。何気なく発言した感じで，話の流れのなかでたまたま自分の思いが出てきたという雰囲気であった。私は，この先生の教師としての根っこを見たように思い，感動してしまった。実際は苦しいときや子どもに絶望しそうになったこともあると思う。しかし，子どもへの愛情がこの先生を支え，今日まで現役の教師として続けてこれたエネルギーなのだと強く感じた。

　私が小学校に勤め始めたころは無我夢中で過ごしていた。多少の問題があっても若さゆえに周りがサポートしてくれたり，保護者の寛容さに助けられたりしていた。しかし，経験を重ねるに従い周りが見えるようになり，同時に保護者の期待も大きくなってきて，さまざまな問題に正面から取り組まざるを得なくなっていった。そうした時期に起きたクラスの「荒れ」と「いじめ」への取り組みが，その後の教師人生に大きな影響を与えた。

　転任した先で，5年生を担任していた教師が持ち上がりを放棄したため，他校から移ってきた私が6年生の1年間だけ担任することになった。有名中学への進学を希望している生徒が中心となり，その周辺に学力不振ですさんでいた数人の子どもたちが取り巻きとなってクラスを私物化していた。

中心にいる生徒は学力が高く，塾で学んだ高度な入試問題を担任に質問して，答えられない担任を困らせ教師の権威を笑い飛ばし，教室を思いどおりにしていたのである。その結果，学力不振の子どもたちは授業中のおしゃべりから始まり，立ち歩き，発言している児童を茶化し，休み時間には見えない場所で弱い者への暴力と，好き勝手をしていた。ここまで来ると説教しても効果はない。管理職へ説教を頼んでも担任の足元を見透かされるばかりである。私は2つの方法で変革を試みた。1つは授業をしっかり行うことである。とくに，体育と自分が得意な社会科で取り組みを開始した。社会科を例にすると，受験勉強型の授業あるいは知識獲得を目的とした授業は一切行わない。知識の過多に関係なく，どの子も同じスタートラインに立って考えられる資料と内容を準備した。授業の終わりには，必ず自分の意見と感想を書かせ，その内容をしっかりと受け止め，子どもたちの前で披露したり評価したりした。その結果，2学期の半ばごろから授業への姿勢が変化してきた。学力不振の子どもたちが自分の意見や感想を受け止めてもらえることで，安定してきたのである。休み時間には私の机のまわりに集まり，自分の言い足りなかった意見を言ったりするようになってきた。そうなると，自然に家庭の事情や5年生のときの話が出てきて，子どもたちがどうして荒れていたのかが見えるようになってきた。話を聞くときは丸ごと受け止め，決して否定はしない。「どうしてそう思うの」とか「自分ではどう思っているの」と聞くことで，自分の行動や周りの出来事を振り返るようにさせ，子ども自身で気づくようにしたのである。少しずつであったが，変化が表れるに従いクラスの雰囲気も徐々によくなっていった。

　子どもの成長を信じて，授業に真剣に取り組むことが子どもと保護者の信頼を得る近道のように思える。マスコミの報道などに不安をもたずに，自分の目標を追求してほしい。

（遠藤　茂）

■ 教職実践演習　振り返りシート
　本書の学びを振り返り，Partごとに学習の達成状況および今後の課題を記そう。

Part.1

Part.2

Part.3

Part.4

■ 資料編

ここでは，教職にかかわる法令等を抄録する。

経済的，社会的及び文化的権利に関する国際規約
1966年12月16日採択

第13条

1 この規約の締約国は，教育についてのすべての者の権利を認める。締約国は，教育が人格の完成及び人格の尊厳についての意識の十分な発達を指向し並びに人権及び基本的自由の尊重を強化すべきことに同意する。更に，締約国は，教育が，すべての者に対し，自由な社会に効果的に参加すること，諸国民間及び人種的，種族的又は宗教的集団の間の理解，寛容及び友好を促進すること並びに平和の維持のための国際連合の活動を助長することを可能にすべきことに同意する。

2 この規約の締約国は，1の権利の完全な実現を達成するため，次のことを認める。

　(a) 初等教育は，義務的なものとし，すべての者に対して無償のものとすること。

　(b) 種々の形態の中等教育（技術的及び職業的中等教育を含む。）は，すべての適当な方法により，特に，無償教育の漸進的な導入により，一般的に利用可能であり，かつ，すべての者に対して機会が与えられるものとすること。

　(c) 高等教育は，すべての可能な方法により，特に，無償教育の漸進的な導入により，能力に応じ，すべての者に対して均等に機会が与えられるものとすること。

　(d) 基礎教育は，初等教育を受けなかった者又はその全課程を修了しなかった者のため，できる限り奨励され又は強化されること。

　(e) すべての段階にわたる学校制度の発展を積極的に追求し，適当な奨学金制度を設立し及び教育職員の物質的条件を不断に改善すること。

日本国憲法
1946年11月3日

第14条　第1項

　すべて国民は，法の下に平等であって，人種，信条，性別，社会的身分又は門地により，政治的，経済的又は社会的関係において差別されない。

第23条

　学問の自由は，これを保障する。

第25条　第1項

　すべて国民は，健康で文化的な最低限度の生活を営む権利を有する。

第26条　第1項

　すべて国民は，法律の定めるところにより，その能力に応じて，ひとしく教育を受ける権利を有する。

第26条　第2項

　すべて国民は，法律の定めるところにより，その保護する子女に普通教育を受けさせる義務を負う。義務教育はこれを無償とする。

教育基本法
2006年12月22日改正

第1条（教育の目的）

　教育は，人格の完成を目指し，平和で民主的な国家及び社会の形成者として必要な資質を備えた心身ともに健康な国民の育成を期して行われなければならない。

第2条（教育の目標）

　教育は，その目的を実現するため，学問の自由を尊重しつつ，次に掲げる目標を達成するよう行われるものとする。

　1　幅広い知識と教養を身に付け，真理を求める態度を養い，豊かな情操と道徳心を培うとともに，健やかな身体を養うこと。

　2　個人の価値を尊重して，その能力を伸ばし，創造性を培い，自主及び自律の精神を養うとともに，職業及び生活との関連を重視し，勤労を重んずる態度を養うこと。

　3　正義と責任，男女の平等，自他の敬愛と協力を重んずるとともに，公共の精神に基づき，主体的に社会の形成に参画し，その発展に寄与する態度を養うこと。

　4　生命を尊び，自然を大切にし，環境の保全に寄与する態度を養うこと。

　5　伝統と文化を尊重し，それらをはぐくんできた我が国と郷土を愛するとともに，他国を尊重し，国際社会の平和と発展に寄与する態度を養うこと。

第5条（義務教育）

　国民は，その保護する子に，別に法律で定め

るところにより，普通教育を受けさせる義務を負う。
2　義務教育として行われる普通教育は，各個人の有する能力を伸ばしつつ社会において自立的に生きる基礎を培い，また，国家及び社会の形成者として必要とされる基本的な資質を養うことを目的として行われるものとする。
3　国及び地方公共団体は，義務教育の機会を保障し，その水準を確保するため，適切な役割分担及び相互の協力の下，その実施に責任を負う。
4　国又は地方公共団体の設置する学校における義務教育については，授業料を徴収しない。
第6条（学校教育）
　法律に定める学校は，公の性質を有するものであって，国，地方公共団体及び法律に定める法人のみが，これを設置することができる。
2　前項の学校においては，教育の目標が達成されるよう，教育を受ける者の心身の発達に応じて，体系的な教育が組織的に行われなければならない。この場合において，教育を受ける者が，学校生活を営む上で必要な規律を重んずるとともに，自ら進んで学習に取り組む意欲を高めることを重視して行われなければならない。
第9条（教員）
　法律に定める学校の教員は，自己の崇高な使命を深く自覚し，絶えず研究と修養に励み，その職責の遂行に努めなければならない。
2　前項の教員については，その使命と職責の重要性にかんがみ，その身分は尊重され，待遇の適正が期せられるとともに，養成と研修の充実が図られなければならない。
第13条（学校，家庭及び地域住民等の相互の連携協力）
　学校，家庭及び地域住民その他の関係者は，教育におけるそれぞれの役割と責任を自覚するとともに，相互の連携及び協力に努めるものとする。
第16条（教育行政）
　教育は，不当な支配に服することなく，この法律及び他の法律の定めるところにより行われるべきものであり，教育行政は，国と地方公共団体との適切な役割分担及び相互の協力の下，公正かつ適正に行われなければならない。
2　国は，全国的な教育の機会均等と教育水準の維持向上を図るため，教育に関する施策を総合的に策定し，実施しなければならない。
3　地方公共団体は，その地域における教育の振興を図るため，その実情に応じた教育に関する施策を策定し，実施しなければならない。
4　国及び地方公共団体は，教育が円滑かつ継続的に実施されるよう，必要な財政上の措置を講じなければならない。
第17条（教育振興基本計画）
　政府は，教育の振興に関する施策の総合的かつ計画的な推進を図るため，教育の振興に関する施策についての基本的な方針及び講ずべき施策その他必要な事項について，基本的な計画を定め，これを国会に報告するとともに，公表しなければならない。
2　地方公共団体は，前項の計画を参酌し，その地域の実情に応じ，当該地方公共団体における教育の振興のための施策に関する基本的な計画を定めるよう努めなければならない。

学校教育法
　　　　　　1947年3月31日，2011年6月3日最終改正
第1条
　この法律で，学校とは，幼稚園，小学校，中学校，高等学校，中等教育学校，特別支援学校，大学及び高等専門学校とする。
第2条
　学校は，国（国立大学法人法（平成15年法律第112号）第2条第1項に規定する国立大学法人及び独立行政法人国立高等専門学校機構を含む。以下同じ。），地方公共団体（地方独立行政法人法（平成15年法律第118号）第68条第1項に規定する公立大学法人を含む。次項において同じ。）及び私立学校法第3条に規定する学校法人（以下学校法人と称する。）のみが，これを設置することができる。
2　この法律で，国立学校とは，国の設置する学校を，公立学校とは，地方公共団体の設置する学校を，私立学校とは，学校法人の設置する学校をいう。
第6条
　学校においては，授業料を徴収することができる。ただし，国立又は公立の小学校及び中学校，中等教育学校の前期課程又は特別支援学校の小学部及び中学部における義務教育については，これを徴収することができない。
第7条
　学校には，校長及び相当数の教員を置かなけ

ればならない。
第11条
　校長及び教員は，教育上必要があると認めるときは，文部科学大臣の定めるところにより，児童，生徒及び学生に懲戒を加えることができる。ただし，体罰を加えることはできない。
第16条
　保護者（子に対して親権を行う者（親権を行う者のないときは，未成年後見人）をいう。以下同じ。）は，次条に定めるところにより，子に9年の普通教育を受けさせる義務を負う。
第17条
　保護者は，子の満6歳に達した日の翌日以後における最初の学年の初めから，満12歳に達した日の属する学年の終わりまで，これを小学校又は特別支援学校の小学部に就学させる義務を負う。ただし，子が，満12歳に達した日の属する学年の終わりまでに小学校又は特別支援学校の小学部の課程を修了しないときは，満15歳に達した日の属する学年の終わり（それまでの間において当該課程を修了したときは，その修了した日の属する学年の終わり）までとする。
2　保護者は，子が小学校又は特別支援学校の小学部の課程を修了した日の翌日以後における最初の学年の初めから，満15歳に達した日の属する学年の終わりまで，これを中学校，中等教育学校の前期課程又は特別支援学校の中学部に就学させる義務を負う。
第18条
　前条第1項又は第2項の規定によつて，保護者が就学させなければならない子（以下それぞれ「学齢児童」又は「学齢生徒」という。）で，病弱，発育不完全その他やむを得ない事由のため，就学困難と認められる者の保護者に対しては，市町村の教育委員会は，文部科学大臣の定めるところにより，同条第1項又は第2項の義務を猶予又は免除することができる。
第19条
　経済的理由によつて，就学困難と認められる学齢児童又は学齢生徒の保護者に対しては，市町村は，必要な援助を与えなければならない。
第21条
　義務教育として行われる普通教育は，教育基本法（平成18年法律第120号）第5条第2項に規定する目的を実現するため，次に掲げる目標を達成するよう行われるものとする。

一　学校内外における社会的活動を促進し，自主，自律及び協同の精神，規範意識，公正な判断力並びに公共の精神に基づき主体的に社会の形成に参画し，その発展に寄与する態度を養うこと。
二　学校内外における自然体験活動を促進し，生命及び自然を尊重する精神並びに環境の保全に寄与する態度を養うこと。
三　我が国と郷土の現状と歴史について，正しい理解に導き，伝統と文化を尊重し，それらをはぐくんできた我が国と郷土を愛する態度を養うとともに，進んで外国の文化の理解を通じて，他国を尊重し，国際社会の平和と発展に寄与する態度を養うこと。
四　家族と家庭の役割，生活に必要な衣，食，住，情報，産業その他の事項について基礎的な理解と技能を養うこと。
五　読書に親しませ，生活に必要な国語を正しく理解し，使用する基礎的な能力を養うこと。
六　生活に必要な数量的な関係を正しく理解し，処理する基礎的な能力を養うこと。
七　生活にかかわる自然現象について，観察及び実験を通じて，科学的に理解し，処理する基礎的な能力を養うこと。
八　健康，安全で幸福な生活のために必要な習慣を養うとともに，運動を通じて体力を養い，心身の調和的発達を図ること。
九　生活を明るく豊かにする音楽，美術，文芸その他の芸術について基礎的な理解と技能を養うこと。
十　職業についての基礎的な知識と技能，勤労を重んずる態度及び個性に応じて将来の進路を選択する能力を養うこと。
第36条
　学齢に達しない子は，小学校に入学させることができない。
第37条
　小学校には，校長，教頭，教諭，養護教諭及び事務職員を置かなければならない。
2　小学校には，前項に規定するもののほか，副校長，主幹教諭，指導教諭，栄養教諭その他必要な職員を置くことができる。
3　第1項の規定にかかわらず，副校長を置くときその他特別の事情のあるときは教頭を，養護をつかさどる主幹教諭を置くときは養護教諭を，特別の事情のあるときは事務職員を，それ

ぞれ置かないことができる。
4　校長は，校務をつかさどり，所属職員を監督する。
5　副校長は，校長を助け，命を受けて校務をつかさどる。
6　副校長は，校長に事故があるときはその職務を代理し，校長が欠けたときはその職務を行う。この場合において，副校長が2人以上あるときは，あらかじめ校長が定めた順序で，その職務を代理し，又は行う。
7　教頭は，校長（副校長を置く小学校にあつては，校長及び副校長）を助け，校務を整理し，及び必要に応じ児童の教育をつかさどる。
8　教頭は，校長（副校長を置く小学校にあつては，校長及び副校長）に事故があるときは校長の職務を代理し，校長（副校長を置く小学校にあつては，校長及び副校長）が欠けたときは校長の職務を行う。この場合において，教頭が2人以上あるときは，あらかじめ校長が定めた順序で，校長の職務を代理し，又は行う。
9　主幹教諭は，校長（副校長を置く小学校にあつては，校長及び副校長）及び教頭を助け，命を受けて校務の一部を整理し，並びに児童の教育をつかさどる。
10　指導教諭は，児童の教育をつかさどり，並びに教諭その他の職員に対して，教育指導の改善及び充実のために必要な指導及び助言を行う。
11　教諭は，児童の教育をつかさどる。
12　養護教諭は，児童の養護をつかさどる。
13　栄養教諭は，児童の栄養の指導及び管理をつかさどる。
14　事務職員は，事務に従事する。
15　助教諭は，教諭の職務を助ける。
16　講師は，教諭又は助教諭に準ずる職務に従事する。
17　養護助教諭は，養護教諭の職務を助ける。
18　特別の事情のあるときは，第一項の規定にかかわらず，教諭に代えて助教諭又は講師を，養護教諭に代えて養護助教諭を置くことができる。
19　学校の実情に照らし必要があると認めるときは，第9項の規定にかかわらず，校長（副校長を置く小学校にあつては，校長及び副校長）及び教頭を助け，命を受けて校務の一部を整理し，並びに児童の養護又は栄養の指導及び管理をつかさどる主幹教諭を置くことができる。
第38条

市町村は，その区域内にある学齢児童を就学させるに必要な小学校を設置しなければならない。
第144条
　第17条第1項又は第2項の義務の履行の督促を受け，なお履行しない者は，10万円以下の罰金に処する。

学校教育法施行規則
　　　　1947年5月23日，2012年3月30日最終改正
第26条
　校長及び教員が児童等に懲戒を加えるに当つては，児童等の心身の発達に応ずる等教育上必要な配慮をしなければならない。
2　懲戒のうち，退学，停学及び訓告の処分は，校長（大学にあつては，学長の委任を受けた学部長を含む。）が行う。
3　前項の退学は，公立の小学校，中学校（学校教育法第71条の規定により高等学校における教育と一貫した教育を施すもの（以下「併設型中学校」という。）を除く。）又は特別支援学校に在学する学齢児童又は学齢生徒を除き，次の各号のいずれかに該当する児童等に対して行うことができる。
　一　性行不良で改善の見込がないと認められる者
　二　学力劣等で成業の見込がないと認められる者
　三　正当の理由がなくて出席常でない者
　四　学校の秩序を乱し，その他学生又は生徒としての本分に反した者
4　第2項の停学は，学齢児童又は学齢生徒に対しては，行うことができない。
第50条
　小学校の教育課程は，国語，社会，算数，理科，生活，音楽，図画工作，家庭及び体育の各教科（以下この節において「各教科」という。），道徳，外国語活動，総合的な学習の時間並びに特別活動によつて編成するものとする。
第51条
　小学校の各学年における各教科，道徳，外国語活動，総合的な学習の時間及び特別活動のそれぞれの授業時数並びに各学年におけるこれらの総授業時数は，別表第1に定める授業時数を標準とする。
第52条

小学校の教育課程については，この節に定めるもののほか，教育課程の基準として文部科学大臣が別に公示する小学校学習指導要領によるものとする。
第72条
　中学校の教育課程は，国語，社会，数学，理科，音楽，美術，保健体育，技術・家庭及び外国語の各教科（以下本章及び第7章中「各教科」という。），道徳，総合的な学習の時間並びに特別活動によつて編成するものとする。
第73条
　中学校（併設型中学校及び第75条第2項に規定する連携型中学校を除く。）の各学年における各教科，道徳，総合的な学習の時間及び特別活動のそれぞれの授業時数並びに各学年におけるこれらの総授業時数は，別表第2に定める授業時数を標準とする。
第74条
　中学校の教育課程については，この章に定めるもののほか，教育課程の基準として文部科学大臣が別に公示する中学校学習指導要領によるものとする。
第83条
　高等学校の教育課程は，別表第3に定める各教科に属する科目，総合的な学習の時間及び特別活動によつて編成するものとする。
第84条
　高等学校の教育課程については，この章に定めるもののほか，教育課程の基準として文部科学大臣が別に公示する高等学校学習指導要領によるものとする。

教育職員免許法
　　　　　1949年5月31日，2012年8月22日最終改正
第1条
　この法律は，教育職員の免許に関する基準を定め，教育職員の資質の保持と向上を図ることを目的とする。
第3条
　教育職員は，この法律により授与する各相当の免許状を有する者でなければならない。
第4条
　免許状は，普通免許状，特別免許状及び臨時免許状とする。
第9条
　普通免許状は，その授与の日の翌日から起算して10年を経過する日の属する年度の末日まで，すべての都道府県（中学校及び高等学校の教員の宗教の教科についての免許状にあつては，国立学校又は公立学校の場合を除く。次項及び第3項において同じ。）において効力を有する。
第9条の2
　免許管理者は，普通免許状又は特別免許状の有効期間を，その満了の際，その免許状を有する者の申請により更新することができる。
第9条の3
　免許状更新講習は，大学その他文部科学省令で定める者が，次に掲げる基準に適合することについての文部科学大臣の認定を受けて行う。

教育職員免許法施行規則
　　　　　1954年10月27日，2010年3月31日最終改正
第1条
　教育職員免許法（昭和24年法律第147号。以下「免許法」という。）別表第1から別表第8までにおける単位の修得方法等に関しては，この章の定めるところによる。
第6条
　免許法 別表第1に規定する幼稚園，小学校，中学校又は高等学校の教諭の普通免許状の授与を受ける場合の教職に関する科目の単位の修得方法は，次の表（※次頁参照―編者注）の定めるところによる。

小学校及び中学校の教諭の普通免許状授与に係る教育職員免許法の特例等に関する法律（介護等体験特例法）
　　　　　1997年6月18日，2006年6月21日最終改正
第1条
　この法律は，義務教育に従事する教員が個人の尊厳及び社会連帯の理念に関する認識を深めることの重要性にかんがみ，教員としての資質の向上を図り，義務教育の一層の充実を期する観点から，小学校又は中学校の教諭の普通免許状の授与を受けようとする者に，障害者，高齢者等に対する介護，介助，これらの者との交流等の体験を行わせる措置を講ずるため，小学校及び中学校の教諭の普通免許状の授与について教育職員免許法（昭和24年法律第147号）の特例等を定めるものとする。
第2条
　小学校及び中学校の教諭の普通免許状の授与

資料編　　*181*

教育職員免許法施行規則第6条〈教職に関する科目の内容と最低修得単位数〉

第1欄	教職に関する科目	左記の各科目に含めることが必要な事項	幼稚園教諭 専修免許状	幼稚園教諭 一種免許状	幼稚園教諭 二種免許状	小学校教諭 専修免許状	小学校教諭 一種免許状	小学校教諭 二種免許状	中学校教諭 専修免許状	中学校教諭 一種免許状	中学校教諭 二種免許状	高等学校教諭 専修免許状	高等学校教諭 一種免許状
第2欄	教職の意義等に関する科目	・教職の意義及び教員の役割 ・教員の職務内容（研修，服務及び身分保障等を含む） ・進路選択に資する各種の機会の提供等	2	2	2	2	2	2	2	2	2	2	2
第3欄	教育の基礎理論に関する科目	・教育の理念並びに教育に関する歴史及び思想 ・幼児，児童及び生徒の心身の発達及び学習の過程（障害のある幼児，児童及び生徒の心身の発達及び学習の過程を含む） ・教育に関する社会的，制度的又は経営的事項	6	6	4	6	6	4	6(5)	6(5)	4(3)	6(4)	6(4)
第4欄（最低修得単位数）	教育課程及び指導法に関する科目	・教育課程の意義及び編成の方法 ・各教科の指導法 ・道徳の指導法 ・特別活動の指導法 教育の方法及び技術（情報機器及び教材の活用を含む）				22	22	14	12(6)	12(6)	4(3)	6(4)	6(4)
		・教育課程の意義及び編成の方法 ・保育内容の指導法 教育の方法及び技術（情報機器及び教材の活用を含む）	18	18	12								
	生徒指導，教育相談及び進路指導等に関する科目	・生徒指導の理論及び方法 ・教育相談（カウンセリングに関する基礎的な知識を含む）の理論および方法 ・進路指導の理論および方法				4	4	4	4(2)	4(2)	4(2)	4(2)	4(2)
		・幼児理解の理論および方法 ・教育相談（カウンセリングに関する基礎的な知識を含む）の理論および方法	2	2	2								
第5欄	教育実習		5	5	5	5	5	5	5(3)	5(3)	5(3)	3(2)	3(2)
第6欄	教職実践演習		2	2	2	2	2	2	2	2	2	2	2

についての教育職員免許法第5条第1項の規定の適用については、当分の間、同項中「修得した者」とあるのは、「修得した者（18歳に達した後、7日を下らない範囲内において文部科学省令で定める期間、特別支援学校又は社会福祉施設その他の施設で文部科学大臣が厚生労働大臣と協議して定めるものにおいて、障害者、高齢者等に対する介護、介助、これらの者との交流等の体験を行った者に限る。）」とする。

国家公務員法
　　　　　1947年10月21日，2013年5月31日最終改正
第36条
　職員の採用は，競争試験によるものとする。ただし，人事院規則で定める場合には，競争試験以外の能力の実証に基づく試験（以下「選考」という。）の方法によることを妨げない。

地方公務員法
　　　　　1950年12月13日，2012年8月22日最終改正
第17条
　職員の職に欠員を生じた場合においては，任命権者は，採用，昇任，降任又は転任のいずれか一つの方法により，職員を任命することができる。
2　人事委員会（競争試験等を行う公平委員会を含む。以下この条から第19条まで，第21条及び第22条において同じ。）を置く地方公共団体においては，人事委員会は，前項の任命の方法のうちのいずれによるべきかについての一般的基準を定めることができる。
3　人事委員会を置く地方公共団体においては，職員の採用及び昇任は，競争試験によるものとする。但し，人事委員会の定める職について人事委員会の承認があつた場合は，選考によることを妨げない。
4　人事委員会を置かない地方公共団体においては，職員の採用及び昇任は，競争試験又は選考によるものとする。
5　人事委員会（人事委員会を置かない地方公共団体においては，任命権者とする。以下第18条，第19条及び第22条第1項において同じ。）は，正式任用になつてある職についていた職員が，職制若しくは定数の改廃又は予算の減少に基く廃職又は過員によりその職を離れた後において，再びその職に復する場合における資格要件，任用手続及び任用の際における身分に関し

必要な事項を定めることができる。
第39条
　職員には，その勤務能率の発揮及び増進のために，研修を受ける機会が与えられなければならない。
2　前項の研修は，任命権者が行うものとする。
3　地方公共団体は，研修の目標，研修に関する計画の指針となるべき事項その他研修に関する基本的な方針を定めるものとする。
4　人事委員会は，研修に関する計画の立案その他研修の方法について任命権者に勧告することができる。

教育公務員特例法
　　　　　1949年1月12日，2012年8月22日最終改正
第11条
　公立学校の校長の採用並びに教員の採用及び昇任は，選考によるものとし，その選考は，大学附置の学校にあつては当該大学の学長，大学附置の学校以外の公立学校にあつてはその校長及び教員の任命権者である教育委員会の教育長が行う。
第12条
　公立の小学校，中学校，高等学校，中等教育学校，特別支援学校及び幼稚園（以下「小学校等」という。）の教諭，助教諭及び講師（以下「教諭等」という。）に係る地方公務員法第22条第1項に規定する採用については，同項中「6月」とあるのは「1年」として同項の規定を適用する。
2　地方教育行政の組織及び運営に関する法律（昭和31年法律第162号）第40条に定める場合のほか，公立の小学校等の校長又は教員で地方公務員法第22条第1項（前項の規定において読み替えて適用する場合を含む。）の規定により正式任用になつている者が，引き続き同一都道府県内の公立の小学校等の校長又は教員に任用された場合には，その任用については，同条同項の規定は適用しない。
第21条
　教育公務員は，その職責を遂行するために，絶えず研究と修養に努めなければならない。
2　教育公務員の任命権者は，教育公務員の研修について，それに要する施設，研修を奨励するための方途その他研修に関する計画を樹立し，その実施に努めなければならない。

第22条
　教育公務員には，研修を受ける機会が与えられなければならない。
２　教員は，授業に支障のない限り，本属長の承認を受けて，勤務場所を離れて研修を行うことができる。
３　教育公務員は，任命権者の定めるところにより，現職のままで，長期にわたる研修を受けることができる。

第23条
　公立の小学校等の教諭等の任命権者は，当該教諭等（政令で指定する者を除く。）に対して，その採用の日から1年間の教諭の職務の遂行に必要な事項に関する実践的な研修（以下「初任者研修」という。）を実施しなければならない。
２　任命権者は，初任者研修を受ける者（次項において「初任者」という。）の所属する学校の副校長，教頭，主幹教諭（養護又は栄養の指導及び管理をつかさどる主幹教諭を除く。），指導教諭，教諭又は講師のうちから，指導教員を命じるものとする。
３　指導教員は，初任者に対して教諭の職務の遂行に必要な事項について指導及び助言を行うものとする。

第24条
　公立の小学校等の教諭等の任命権者は，当該教諭等に対して，その在職期間（公立学校以外の小学校等の教諭等としての在職期間を含む。）が10年（特別の事情がある場合には，10年を標準として任命権者が定める年数）に達した後相当の期間内に，個々の能力，適性等に応じて，教諭等としての資質の向上を図るために必要な事項に関する研修（以下「10年経験者研修」という。）を実施しなければならない。
２　任命権者は，10年経験者研修を実施するに当たり，10年経験者研修を受ける者の能力，適性等について評価を行い，その結果に基づき，当該者ごとに10年経験者研修に関する計画書を作成しなければならない。
３　第1項に規定する在職期間の計算方法，10年経験者研修を実施する期間その他10年経験者研修の実施に関し必要な事項は，政令で定める。

第25条
　任命権者が定める初任者研修及び10年経験者研修に関する計画は，教員の経験に応じて実施する体系的な研修の一環をなすものとして樹立されなければならない。

第25条の2
　公立の小学校等の教諭等の任命権者は，児童，生徒又は幼児（以下「児童等」という。）に対する指導が不適切であると認定した教諭等に対して，その能力，適性等に応じて，当該指導の改善を図るために必要な事項に関する研修（以下「指導改善研修」という。）を実施しなければならない。
２　指導改善研修の期間は，1年を超えてはならない。ただし，特に必要があると認めるときは，任命権者は，指導改善研修を開始した日から引き続き2年を超えない範囲内で，これを延長することができる。

第25条の3
　任命権者は，前条第4項の認定において指導の改善が不十分でなお児童等に対する指導を適切に行うことができないと認める教諭等に対して，免職その他の必要な措置を講ずるものとする。

第26条
　公立の小学校等の主幹教諭，指導教諭，教諭，養護教諭，栄養教諭又は講師（以下「主幹教諭等」という。）で次の各号のいずれにも該当するものは，任命権者の許可を受けて，3年を超えない範囲内で年を単位として定める期間，大学（短期大学を除く。）の大学院の課程若しくは専攻科の課程又はこれらの課程に相当する外国の大学の課程（次項及び第28条第2項において「大学院の課程等」という。）に在学してその課程を履修するための休業（以下「大学院修学休業」という。）をすることができる。

第27条
　大学院修学休業をしている主幹教諭等は，地方公務員としての身分を保有するが，職務に従事しない。
２　大学院修学休業をしている期間については，給与を支給しない。

労働基準法
　　　　1947年4月7日，2012年6月27日最終改正
第56条
　使用者は，児童が満15歳に達した日以後の最初の3月31日が終了するまで，これを使用してはならない。

学校保健安全法
　　　　1958年4月10日，2008年6月18日最終改正
第19条
　校長は，感染症にかかつており，かかつている疑いがあり，又はかかるおそれのある児童生徒等があるときは，政令で定めるところにより，出席を停止させることができる。
第20条
　学校の設置者は，感染症の予防上必要があるときは，臨時に，学校の全部又は一部の休業を行うことができる。

就学困難な児童及び生徒に係る就学奨励についての国の援助に関する法律
　　　　1956年3月30日，2007年6月27日最終改正
第1条
　この法律は，経済的理由によつて就学困難な児童及び生徒について学用品を給与する等就学奨励を行なう行う地方公共団体に対し，国が必要な援助を与えることとし，もつて小学校及び中学校並びに中等教育学校の前期課程における義務教育の円滑な実施に資することを目的とする。

人事院規則8－12（職員の任免）
　　　　1952年5月23日，2013年4月1日最終改正
第6条
　任命権者は，採用，昇任，降任，転任又は配置換のいずれかの方法により，職員を官職に任命することができる。
第8条
　職員の採用は，第18条の規定により選考によることが認められている場合を除き，補充しようとする官職を対象として行われた採用試験（職員を採用するための競争試験をいう。以下同じ。）の結果に基づいて作成された法第50条に規定する採用候補者名簿（以下「名簿」という。）に記載された者の中から，法第56条に規定する面接（以下この款において「面接」という。）を行い，その結果を考慮して行うものとする。
第19条
　選考は，選考される者が，補充しようとする官職の属する職制上の段階の標準的な官職に係る法第34条第1項第5号に規定する標準職務遂行能力及び当該補充しようとする官職についての適性（以下「官職に係る能力及び適性」という。）を有するかどうかを判定することを目的とする。
第21条
　選考は，選考される者が，官職に係る能力及び適性を有するかどうかを，経歴，知識又は資格を有すること等を要件とする任命権者が定める基準に適合しているかどうかに基づいて判定するものとし，その判定は，人事院が定めるところにより，任命権者が次に掲げる方法により行うものとする。
　一　一般的な知識及び知能若しくは専門的な知識，技術等についての筆記試験若しくは文章による表現力若しくは課題に関する理解力等についての論文試験若しくは作文試験又はこれらに代わる適当な方法
　二　人柄，性向等についての人物試験，技能等の有無についての実地試験又は過去の経歴の有効性についての経歴評定
　三　補充しようとする官職の特性に応じ，身体検査，身体測定若しくは体力検査又はこれらに代わる適当な方法

小学校学習指導要領
　　　　　　　　　　　　　　　2008年3月告示
第1章　総則
第1　教育課程編成の一般方針
1．各学校においては，教育基本法及び学校教育法その他の法令並びにこの章以下に示すところに従い，児童の人間として調和のとれた育成を目指し，地域や学校の実態及び児童の心身の発達の段階や特性を十分考慮して，適切な教育課程を編成するものとし，これらに掲げる目標を達成するよう教育を行うものとする。
　学校の教育活動を進めるに当たっては，各学校において，児童に生きる力をはぐくむことを目指し，創意工夫を生かした特色ある教育活動を展開する中で，基礎的・基本的な知識及び技能を確実に習得させ，これらを活用して課題を解決するために必要な思考力，判断力，表現力その他の能力をはぐくむとともに，主体的に学習に取り組む態度を養い，個性を生かす教育の充実に努めなければならない。その際，児童の発達の段階を考慮して，児童の言語活動を充実するとともに，家庭との連携を図りながら，児童の学習習慣が確立するよう配慮しなければならない。

中学校学習指導要領
2008年9月告示

第1章　総則
第1　教育課程編成の一般方針
1．各学校においては，教育基本法及び学校教育法その他の法令並びにこの章以下に示すところに従い，生徒の人間として調和のとれた育成を目指し，地域や学校の実態及び生徒の心身の発達の段階や特性等を十分考慮して，適切な教育課程を編成するものとし，これらに掲げる目標を達成するよう教育を行うものとする。

学校の教育活動を進めるに当たっては，各学校において，生徒に生きる力をはぐくむことを目指し，創意工夫を生かした特色ある教育活動を展開する中で，基礎的・基本的な知識及び技能を確実に習得させ，これらを活用して課題を解決するために必要な思考力，判断力，表現力その他の能力をはぐくむとともに，主体的に学習に取り組む態度を養い，個性を生かす教育の充実に努めなければならない。その際，生徒の発達の段階を考慮して，生徒の言語活動を充実するとともに，家庭との連携を図りながら，生徒の学習習慣が確立するよう配慮しなければならない。

高等学校学習指導要領
2009年3月告示

第1章　総則
第1款　教育課程編成の一般方針
1．各学校においては，法令及びこの章以下に示すところに従い，生徒の人間として調和のとれた育成を目指し，地域や学校の実態，課程や学科の特色，生徒の心身の発達段階及び特性等を十分考慮して，適切な教育課程を編成するものとする。

学校の教育活動を進めるに当たっては，各学校において，生徒に生きる力をはぐくむことを目指し，創意工夫を生かし特色ある教育活動を展開する中で，自ら学び自ら考える力の育成を図るとともに，基礎的・基本的な内容の確実な定着を図り，個性を生かす教育の充実に努めなければならない。

学習指導要領　一般編　試案（1947年度）
1947年3月20日

序論

1　なぜこの書はつくられたか

いまわが国の教育はこれまでとちがった方向にむかって進んでいる。この方向がどんな方向をとり，どんなふうのあらわれを見せているかということは，もはやだれの胸にもそれと感ぜられていることと思う。このようなあらわれのうちでいちばんたいせつだと思われることは，これまでとかく上の方からきめて与えられたことを，どこまでもそのとおりに実行するといった画一的な傾きのあったのが，こんどはむしろ下の方からみんなの力で，いろいろと，作りあげて行くようになって来たということである。

これまでの教育では，その内容を中央できめると，それをどんなところでも，どんな児童にも一様にあてはめて行こうとした。だからどうしてもいわゆる画一的になって，教育の実際の場での創意や工夫がなされる余地がなかった。このようなことは，教育の実際にいろいろな不合理をもたらし，教育の生気をそぐようなことになった。（中略）

もちろん教育に一定の目標があることは事実である。また一つの骨組みに従って行くことを要求されていることも事実である。しかしそういう目標に達するためには，その骨組みに従いながらも，その地域の社会の特性や，学校の施設の実情やさらに児童の特性に応じて，それぞれの現場でそれらの事情にぴったりした内容を考え，その方法を工夫してこそよく行くのであって，ただあてがわれた型のとおりにやるのでは，かえって目的を達するに遠くなるのである。またそういう工夫があってこそ，生きた教師の働きが求められるのであって，型のとおりにやるのなら教師は機械にすぎない。そのために熱意が失われがちになるのは当然といわなければならない。（中略）

この書は，学習の指導について述べるのが目的であるが，これまでの教師用書のように，一つの動かすことのできない道をきめて，それを示そうとするような目的でつくられたものではない。新しく児童の要求と社会の要求とに応じて生まれた教科課程をどんなふうにして生かして行くかを教師自身が自分で研究して行く手びきとして書かれたものである。

索　引

あ行

アイデンティティ　39
青空文庫　167
アスペルガー障害（症候群）　53, 67
いじめ　62
移動教室　55
英語運用能力　128
AD/HD　53, 66, 67
SNS　170
S−P表分析　142
エラスムス計画　152
エリクソン　34
LD　66, 67
エレン・ケイ　26
OECD　6, 152
太田堯　24, 29

か行

外国語活動　124
介護等体験特例法　181
カウンセリング　45
カウンセリングマインド　45, 164
カウンセリングルーム　60
学習指導要領　6
　　——一般編　試案　186
　　　高等学校——　186
　　　小学校——　185
　　　中学校——　186
学習障害　66, 67
学士力　152, 154
学制　25
学級経営　51
学級通信　53
学校裏サイト　167
学校教育法　178
　　——施行規則　180
学校保健安全法　185
環境教育　111
基本的な生活習慣　42
キャリア・ガイダンス　156
キャリア教育　156

ギャング・エイジ　36
教育基本法　16, 177
教育公務員特例法　17, 19, 183
教育職員免許法　16, 181
　　——施行規則　181
教育の質保証　152
教員採用試験　17
教員免許更新制　21
教材開発能力　102
距離尺度　138
グローバリゼーション　151
経済産業省　152
経済的，社会的及び文化的権利に関する国際規
　　約　177
形成的評価　139, 142
研究協議会　77
言語活動の充実　82
検索サイト　168
高機能自閉症　66, 67
公民的資質　100
公務分掌　51, 162
国定教科書　26
国民国家　151
個人情報保護法　171
国家公務員法　17, 19, 183
ことばの機能　78
コミュニケーション英語　126
コミュニケーションツール　167
コミュニケーション能力　124
近藤孝弘　84
コンピテンシー　157
コンピュータウイルス　172

さ行

小砂丘忠義　28
佐々木昂　29
沢柳政太郎　27
三者面談　57
塩谷松次郎　28
叱る　47
思春期スパート　37

187

司書教諭　32
持続可能な開発のための教育　111
児童期　38
『児童の世紀』　26
社会人基礎力　152, 154
就学困難な児童及び生徒に係る就学奨励についての国の援助に関する法律　185
修学旅行　55
十年経験者研修　18
終礼　54
授業構成　102
授業展開力　102
〈主体性〉の育成　10
出欠確認　52
順位尺度　138
小１プロブレム　40
常会　27
聖徳太子　90
情報活用の実践力　167
職員会議　20
初任者研修　18
人事院規則8−12（職員の任免）　17, 185
心理的離乳　37
スクールカウンセラー　54
生活綴方教育　28
政治的中立性　19
成城小学校　27
清掃　54
青年期　38
絶対評価　139
専科教員　109
全体の奉仕者　19
総括的評価　139
相対評価　139
測定　137

た行

大正自由教育　26
第二反抗期　37
確かな学力　99, 101
地域コミュニティ　159
知識基盤社会　159
地方公務員法　17, 19, 183
チャム・グループ　37
注意欠陥／多動性障害　66, 67

中１ギャップ　40
朝礼　52
著作権　168
伝え合う力　79
土屋武志　85
『綴方生活』　28
定期考査　55
手塚岸衛　27
電子メール　169
道徳　36
特別支援教育　66
特別なニーズを要する子ども　65
読解リテラシー　7

な行

『夏の葬列』　74
奈良女子高等師範附属小学校　27
日本国憲法　177
ニート　41
二宮尊徳　27
日本青少年研究所　39
ネットいじめ　167
ネット犯罪　172

は行

発達課題　34
ピアジェ　35
非行　64
PISA　6, 82
評価　137
評価力　102
比例尺度　139
福沢小学校　28
不登校　53, 59
父母懇談会　57
フリースクール　62
フリーター　41
フンボルト　151
ヘルバルト主義　26
偏差値　140
保護者　160
ほめる　47
ボローニャ宣言　152

ま行

松本健嗣　30
学びからの逃走　157
学び続ける教師　10
名義尺度　138
モラトリアム　39
森有礼　25
モンスター・ペアレント　160
問題行動　59

や行

山川方夫　74
URL　166

ら行

ライフコース　11
リテラシー　6
リプロダクション　134
歴史教育　84
歴史資料の取り扱い　92
歴史認識　85
労働基準法　185

わ行

和歌森太郎　84

[編著者]

山﨑　準二（やまざき　じゅんじ）
　学習院大学文学部教育学科教授
　〈主な著書〉
　『教師のライフコース研究』創風社，2002年
　『教師の発達と力量形成』創風社，2012年
　『考える教師―省察，創造，実践する教師―』（編著）学文社，2012年　ほか

藤本　典裕（ふじもと　のりひろ）
　東洋大学文学部教育学科教授
　〈主な著書〉
　『教育行政学　改訂版』（編著）学文社，2008年
　『学校から見える子どもの貧困』（編著）大月書店，2009年
　『介護等体験・教育実習の研究』（共著）文化書房博文社，2009年　ほか

幸田　国広（こうだ　くにひろ）
　早稲田大学教育・総合科学学術院准教授
　〈主な著書〉
　『日本語表現のレッスン』（共著）教育出版，2003年
　『益田勝実の仕事5　国語教育論集成』（編著）筑摩書房，2006年
　『高等学校国語科の教科構造　戦後半世紀の展開』渓水社，2011年　ほか

教職エッセンシャル―学び続ける教師をめざす実践演習―

2013年8月20日　第1版第1刷発行
2016年1月30日　第1版第2刷発行

編著者　山﨑　準二
　　　　藤本　典裕
　　　　幸田　国広

発行者　田中　千津子　　〒153-0064　東京都目黒区下目黒3-6-1
　　　　　　　　　　　　電話　03（3715）1501代
発行所　株式会社　学文社　FAX　03（3715）2012
　　　　　　　　　　　　http://www.gakubunsha.com

©Junji YAMAZAKI, Norihiro FUJIMOTO, Kunihiro KOHDA 2013
　　　　　　　　　　　　　　　　　　　印刷／新灯印刷
乱丁・落丁の場合は本社でお取替えします。
定価は売上カード，カバーに表示。

ISBN978-4-7620-2338-5